FACULTÉ DE DROIT DE PARIS

DROIT ROMAIN

# DE LA LOI AQUILIA

DROIT FRANÇAIS

# DE L'INTENTION EN DROIT PÉNAL

## THÈSE POUR LE DOCTORAT

L'acte public sur les matières ci-après sera soutenu
le mercredi 20 juin 1888, à midi

PAR

### Marcel JACQUEMIN

AVOCAT A LA COUR D'APPEL DE BESANÇON

M. DESJARDINS, *président.*

Suffragants :  { MM. LABBÉ.
                  LEFEBVRE,  } *professeurs.*
                  BEAUREGARD, *agrégé.*

BESANÇON

IMPRIMERIE ET LITHOGRAPHIE DE PAUL JACQUIN

Grande-Rue, 14, à la Vieille-Intendance

—

1888

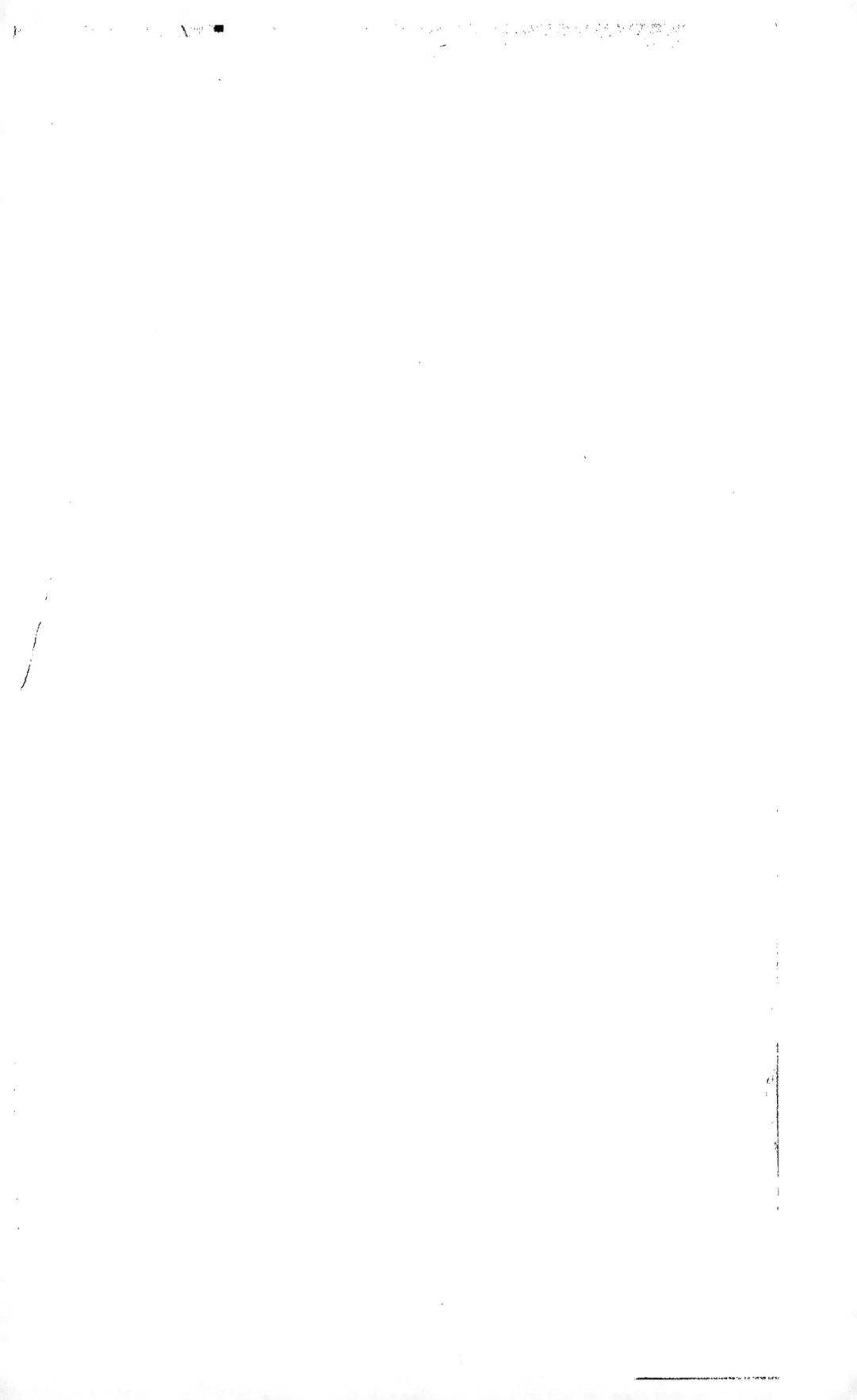

# THÈSE

## POUR LE DOCTORAT

DROIT ROMAIN

# DE LA LOI AQUILIA

~~~

DROIT FRANÇAIS

# DE L'INTENTION EN DROIT PÉNAL

~~~

## THÈSE POUR LE DOCTORAT

~~~

L'acte public sur les matières ci-après sera soutenu
le mercredi 20 juin 1888, à midi

PAR

## Marcel JACQUEMIN

AVOCAT A LA COUR D'APPEL DE BESANÇON

M. DESJARDINS, *président.*

*Suffragants :* MM. LABBÉ,
LEFEBVRE, *professeurs.*
BEAUREGARD, *agrégé.*

BESANÇON

IMPRIMERIE ET LITHOGRAPHIE DE PAUL JACQUIN

Grande-Rue, 14, à la Vieille-Intendance

—

1888

# DROIT ROMAIN

—

## DE LA LOI AQUILIA

# DE LA LOI AQUILIA

## INTRODUCTION

La loi Aquilia est un plébiscite qui fut voté à une
époque dont on ne saurait fixer la date précise,
vraisemblablement au milieu du cinquième siècle
de la fondation de Rome. Elle doit son nom au
tribun Aquilius, qui l'avait proposée.

Le délit qu'elle réprime est le « *damnum injuriâ datum,* » appelé aussi « *damnum injuriâ* »
ou simplement « *damnum.* » Ulpien nous apprend
(Loi 1, pr., h. t.) que la loi Aquilia abrogea toutes
les lois antérieures concernant le *damnum injuriâ
datum,* aussi bien celles des Douze Tables que les
autres lois anciennes. On s'explique ainsi que ces
lois n'aient pas été conservées, ce qui fait que nous
ne les connaissons pas aujourd'hui.

Le trait caractéristique de la loi, c'est qu'elle ne
suppose pas nécessairement chez le délinquant une
intention coupable ; une simple faute non intentionnelle suffit pour le rendre passible de son action.

Aussi les faits qu'elle réprime n'entraînent-ils pas généralement de poursuite au criminel; s'il y a cependant, dans certains cas, intention criminelle, une action purement pénale pourra en outre être intentée contre le délinquant, comme dans le cas où quelqu'un tue intentionnellement l'esclave d'autrui : il sera alors soumis à l'application de la loi « *Cornelia de sicariis,* » tandis que s'il y avait eu de sa part simple imprudence, il ne serait passible que de l'action aquilienne.

Le second caractère de la loi, c'est qu'elle n'est pas purement « *rei persecutoria,* » c'est-à-dire qu'elle n'a pas pour résultat unique la réparation d'un préjudice, l'obtention d'une indemnité; elle est en même temps pénale dans certains cas et dans une certaine mesure, et ce caractère d'action mixte entraîne des conséquences que nous aurons à signaler.

Les limites trop étroites de la loi furent étendues par le droit prétorien, qui, sur cette matière comme sur tant d'autres, exerça sa féconde influence et corrigea ce que les termes de la loi, appliqués trop strictement, avaient d'insuffisant pour la réparation de certains préjudices qui ne rentraient pas dans la définition littérale des cas prévus et réprimés par elle.

# CHAPITRE PREMIER

## DES TROIS CHEFS DE LA LOI AQUILIA

---

La loi Aquilia prévoyait trois chefs divers qui sont tous unis par ce lien commun : l'existence d'un *damnum*, c'est-à-dire d'un dommage dont nous déterminerons plus loin les caractères.

Le texte du premier chef de la loi Aquilia nous est donné par Gaïus. (Loi 2, pr., h. t.) Il est ainsi conçu : « *Lege Aquiliâ capite primo cavetur : qui servum servamve alienum alienamve quadrupedem vel pecudem injuriâ occiderit, quanti id in eo anno plurimi fuit, tantum æs dare damnas esto.* » On rectifie généralement le texte de la façon suivante : on ne sépare pas *quadrupedem* et *pecudem* par la conjonction *vel;* il faut lire au contraire « *quadrupedemve pecudem.* » Conséquemment, celui qui tue un quadrupède de l'espèce seulement de ceux qui vivent en troupeaux tombe sous l'application du premier chef de la loi. Cette restriction se concilie avec un passage des Instituts de Gaïus (Inst. IV, tit. III, § 1), où il est dit :

« *Quadrupedem quæ pecudum numero est,* » et
avec l'énumération des animaux que Gaïus cite ensuite à titre d'exemples, et où l'on voit figurer les
brebis, les chèvres, les bœufs, les chevaux, les mu-
lets, tous animaux qui vivent en troupeaux, « *quæ
gregatim habentur.* » Tous les quadrupèdes sau-
vages, les chiens, les chats, qui ne vivent pas en
troupeaux, ne sont donc pas compris dans les expressions « *quadrupedemve pecudem.* » Gaïus
ajoute qu'il faut ajouter à la catégorie d'animaux
visés par ce premier chef les chameaux et les élé-
phants, qui, bien que de nature sauvage, peuvent
être domestiqués.

Il n'est pas nécessaire que la mort de l'esclave ou
du quadrupède ait été instantanée; il suffit qu'elle
ait été la conséquence directe et certaine des blessures qui ont été faites. (Loi 7, § 5, h. t.) Peu importe, en outre, la façon dont la mort a été donnée,
que ce soit avec une épée, un bâton ou une arme
quelconque, ou même que le délinquant l'ait causée
de ses propres mains, par exemple en étranglant un
esclave. (Loi 7, § 1, h. t.) Le mot « *occiderit* » doit
donc être pris dans le sens le plus large.

Jusqu'à la découverte des Commentaires de Gaïus
en 1816, on n'avait pu faire que des conjectures sur
le second chef de la loi Aquilia, dont l'application
restait fort obscure. Les Commentaires trouvés dans
le palimpseste de Vérone démontrèrent l'inanité
des explications qu'on avait tenté d'en donner, ce

qui s'explique aisément quand on voit la profonde différence qui le sépare des deux autres.

Les Institutes de Justinien ne mentionnent ce second chef que pour en constater la désuétude, et dans le silence complet gardé à cet égard par les Pandectes et le Code, le mystère qui entourait ce second chef n'aurait jamais été pénétré sans la découverte de Niebuhr.

Ce second chef prévoit le cas où un adstipulateur a fait acceptilation en fraude des droits du créancier. L'adstipulateur était un créancier accessoire qui stipulait d'un débiteur ce que ce dernier avait déjà promis au créancier principal. Simple mandataire au regard du créancier, il jouissait vis-à-vis du débiteur de tous les droits de créancier, et pouvait par exemple éteindre la dette en faisant acceptilation. De là danger pour le créancier, qu'on protégea en créant ce second chef de la loi Aquilia. A la vérité, il avait déjà contre l'adstipulateur l'action « *mandati directa,* » mais l'action aquilienne offrait cet avantage de faire condamner au double le défendeur en cas de dénégation de sa part.

L'adstipulation avait une double utilité : elle servit d'abord à éluder la règle « *nemo alieno nomine lege agere potest,* » jusqu'au jour où le préteur admit la validité du mandat judiciaire. Plus tard elle servit encore à éluder les règles trop rigoureuses de la stipulation qui empêchaient de stipuler « *post mortem suam.* » L'adstipulateur stipulait alors

« *post mortem creditoris* » et faisait valoir après
la mort du créancier les droits de ce dernier, pour
en rendre compte à ses héritiers. Justinien, en admettant la validité de la stipulation «*post mortem
suam,*» supprima cette dernière utilité de l'adstipulation qui tomba alors en désuétude, et ainsi
s'explique le silence gardé par les textes sur ce
second chef de la loi Aquilia, devenu dès lors
inutile.

Le troisième chef de la loi est beaucoup plus
large que les deux autres. Comme le premier auquel
il se rattache étroitement en le complétant, il vise
la destruction ou la détérioration d'objets corporels.
Ulpien nous en donne la formule : « *Cæterarum
rerum, præter hominem et pecudem occisos, si
quis alteri damnum faxit, quod usserit, fregerit,
ruperit, injuria; quanti ea res erit in diebus
triginta proximis, tantum æs domino dare
damnas esto.* » On le voit, les termes en sont très
généraux ; ils embrassent tout un ensemble de cas
qu'on ne saurait tous énumérer. Alors que le premier chef s'applique à certaines hypothèses déterminées, le troisième chef pose une règle générale
quant à la destruction et la détérioration des choses
matérielles. Les termes de ce troisième chef, tels
qu'ils nous sont rapportés par Ulpien, corrigent et
complètent ce que le premier chef avait de trop
exclusif. Tout d'abord on voit qu'il prévoit toute
espèce de dommage matériel, portant sur une chose

quelconque. En ce qui concerne les esclaves et les animaux dont le premier chef réprimait le meurtre, sans prévoir les simples blessures n'entraînant pas la mort, ce dernier cas motivera l'application du troisième chef de la loi.

La question de savoir, dans certaines hypothèses, lequel, du premier ou du troisième chef, était applicable, pouvait soulever des difficultés.

Les textes supposent le cas où un esclave, frappé mortellement par Primus, a été ensuite achevé par Secundus. Ce dernier sera sans aucun doute tenu de l'exercice du premier chef de la loi; quant à Primus, les jurisconsultes n'étaient pas d'accord : les uns lui appliquaient aussi le premier chef; les autres ne le déclaraient passible que du troisième. Pour Julien, les deux délinquants tombaient sous l'application du premier chef de la loi, tandis qu'Ulpien décidait que celui qui avait le premier frappé l'esclave n'était tenu que du troisième chef. Ces deux décisions paraissent donc contradictoires. On a cependant cherché à les concilier de la façon suivante : Dans l'espèce prévue par Julien, dit-on, la seconde blessure n'était pas fatalement mortelle, comme la décapitation par exemple ; elle a causé la mort parce qu'elle a été faite concurremment avec la première, de telle sorte que la mort est survenue plus tôt qu'elle ne se serait produite si la première blessure avait seule eu lieu *(ut maturius interficeretur)*. Conséquemment les deux blessures ont donc été l'une et l'autre nécessaires pour causer la mort de l'esclave, ce qui explique la décision de Julien déclarant les deux délinquants passibles du premier chef. Dans l'espèce citée par Ulpien, au contraire, la seconde blessure à elle seule suffisait pour causer la mort de l'esclave, comme une décapitation, ce qui fait qu'on peut logiquement conclure que la première blessure faite à l'esclave, quoique mortelle, n'a en rien contribué à le faire mourir.

L'intérêt qui s'attachait à cette distinction repose, comme nous le verrons plus tard, sur le mode d'évaluation de la valeur de l'esclave qu'on envisage, si le premier chef est applicable, dans l'année qui a précédé le délit, et, si c'est le troisième, seulement dans les trente jours qui l'ont précédé, ce qui, en raison d'une foule de circonstances, peut conduire à des résultats très différents.

# CHAPITRE II

DU « DAMNUM » ET DE SES CARACTÈRES

———

La loi Aquilia prévoit et punit le délit qu'elle qualifie « *damnum injuriâ datum.* » Le *damnum* est donc la base de l'exercice de l'action aquilienne. On entend par ce mot tout dommage causé à autrui. Il faut que l'acte qui donne naissance à l'application de la loi entraîne un préjudice matériel, une perte appréciable en argent. Un acte peut être répréhensible, avoir été accompli sans droit, sans donner lieu à l'exercice de l'action, si aucun préjudice n'a été éprouvé. Le Digeste nous donne à l'appui de ce principe plusieurs exemples :

Ulpien (Loi 41, pr., h. t.) nous donne l'opinion de Marcellus touchant le fait d'avoir détruit le testament d'une personne encore vivante. Le testateur ne pourra alors intenter l'action aquilienne, car on ne saurait établir pour lui l'existence d'un dommage. Ulpien approuve cette décision, tout en ajoutant que les héritiers et légataires, pour qui ce testament

constitue presque un titre, pourront invoquer le
bénéfice de la loi.

La castration d'un jeune esclave, dit aussi Ulpien
(Loi 27, § 28, h. t.), tout en donnant lieu à l'action
d'injures, selon les cas, ne pourra tomber sous l'application de la loi, si cette mutilation en a augmenté
la valeur; dans ce cas, en effet, il y a précisément le
contraire d'un *damnum*.

La destruction d'un titre de créance condition-
nelle donnera lieu au contraire à l'exercice de
l'action aquilienne; mais comme il n'y aurait aucun
préjudice subi si la condition venait à défaillir, le
jugement ne sera exécuté qu'au jour où la condition
se réalisera. (Loi 40, h. t.)

Dans un autre exemple cité par Papinien (Loi
54, h. t.), une personne a promis par stipulation
un animal; le créancier tue ou blesse l'animal en
question. Le débiteur peut user de l'action aquilienne si l'animal a été tué ou blessé avant sa mise
en demeure. Si le fait ne s'est produit que postérieurement à cette mise en demeure, la loi Aquilia
n'est plus applicable, car, comme le dit Papinien,
le créancier s'est plutôt causé un préjudice à lui-
même qu'à autrui. Dans cette dernière hypothèse,
en effet, le débiteur devait livrer l'animal au créancier stipulant au moment où le fait en question
s'accomplissait, et s'il exerçait l'action aquilienne
contre ce créancier, il se ferait, en quelque sorte,
un titre de son retard. On peut, il est vrai, citer un

autre texte de Paul (liv. IV, t. III, Loi 18, § 5) qui vise le cas où la destruction de la chose due, un esclave dans l'espèce, est faite par un tiers, et refuse au débiteur l'exercice de la loi Aquilia, sans distinguer si le débiteur a été ou non mis en demeure.

Le *damnum*, tel qu'il est exigé pour l'exercice de l'action aquilienne, doit revêtir certains caractères :

1° Il doit avoir été causé *injuriâ;*

2° Il doit résulter d'un fait actif, « *damnum datum;* »

3° Il doit avoir été causé « *corpore;* »

4° Il doit avoir été causé « *corpori.* »

Voyons successivement chacun de ces différents caractères.

### § 1er. — Du « *damnum injuriâ datum.* »

Le caractère essentiel du *damnum*, sans lequel on ne saurait concevoir la responsabilité d'autrui, c'est d'être illicite, contraire au droit. Il ne suffit pas, en effet, qu'un préjudice soit subi pour que la réparation puisse en être demandée, il faut encore que l'acte dont ce préjudice résulte ne soit pas l'exercice d'un droit; il faut qu'il soit illicite, qu'il constitue une faute de la part du délinquant. « *Injuriam autem hic accipere nos oportet, non*

*quemadmodum circà injuriarum actionem, con-
tumeliam quamdam; sed quod non jure factum
est, hoc est contra jus, id est si culpa quis occiderit.* » (Loi 5, § 1, h. t.) C'est en ces termes
qu'Ulpien nous donne le sens du mot « *injuria,* »
qu'il distingue de la « *contumelia,* » acception
qu'il prend dans le cas de l'action « *injuriarum.* »
C'est tout acte illicite, contraire au droit, sans qu'un
lien préexistant unisse les parties en cause. Aucun
engagement n'a été contracté, aucune convention
n'a été consentie entre deux personnes; elles sont
libres de tout lien contractuel vis-à-vis l'une de
l'autre quant à l'objet détruit ou endommagé; il
suffit alors que l'une d'elles fasse un acte que la loi
n'autorise pas, qu'elle soit ainsi coupable de faute,
pour que, comme telle, elle soit passible de l'action
aquilienne.

La loi Aquilia ne distingue pas les différents degrés de la « *culpa;* » la loi romaine faisait ces dif-
férences quand elle réglait le mode d'exécution
d'une convention antérieure. Ici, aucun lien contractuel n'existe; il suffit qu'une personne soit la
cause directe du dommage causé et qu'il y ait faute
de sa part pour que sa responsabilité soit engagée;
peu importe le degré de la faute : « *In lege Aquiliá
et levissima culpa venit,* » dit Ulpien. (Loi 44,
pr., h. t.)

La loi ne distingue pas non plus entre la faute
intentionnelle et la simple négligence : « *Injuriam*

*hic accipiemus, damnum culpâ datum, etiam*
*ab eo qui nocere noluit.* » (Loi 5, § 1, h. t.) Que
la personne auteur du dommage ait agi dans l'intention de nuire à autrui, ou qu'on ne puisse lui
imputer qu'une simple négligence, elle est également soumise à l'exercice de l'action aquilienne.

La loi Aquilia nous fournit de nombreux exemples
des cas qui constituent la faute aquilienne. Cette
faute sera tantôt une simple imprudence, tantôt un défaut des connaissances voulues pour accomplir telle ou telle tâche ; ailleurs ce sera la négligence ou une intention mauvaise qui auront accompagné l'acte préjudiciable.

Par exemple, la faute dérivera du manque de
connaissances, d'habileté ou de force qu'on peut
exiger de quelqu'un dans les cas suivants :

Un chirurgien incapable a entrepris de guérir un
esclave et a causé sa mort. (Loi 7, § 8, h. t.)

Un muletier n'ayant ni la force ni l'habileté nécessaires pour retenir ses mules, est responsable du
dommage que causent ses animaux emportés. (Loi 8,
§ 1, h. t.)

Un artisan entreprend de réparer un objet, et par
maladresse il le casse ; il est aussi responsable.
(Loi 27, § 29, h. t.)

D'autres exemples visent la négligence :

Un médecin accomplit heureusement une opéra-
tion, mais cesse ensuite de donner ses soins au
malade ; il encourt alors une responsabilité. (Loi 8,

h. t.) Il ne faudrait pas voir dans cette espèce une faute « *in omittendo.* » Ayant entrepris et commencé la cure d'un malade, il n'avait pas le droit de s'arrêter au milieu de sa tâche; c'est donc bien une faute « *in committendo.* »

Ailleurs la loi vise une imprudence :

Dans une partie de paume, un des joueurs lance sa balle si violemment qu'elle va frapper la main d'un barbier qui est dans le voisinage occupé à raser un esclave, et la gorge de l'esclave se trouve coupée par la force du coup. Le joueur est alors tenu de l'action aquilienne. (Loi II, pr., h. t.)

Voici maintenant un exemple de dommage intentionnel :

La loi suppose une personne s'exerçant à lancer des javelots. Si cet exercice a lieu à la place accoutumée et qu'un esclave soit frappé à mort en traversant le terrain consacré à ces exercices, la loi Aquilia n'est pas applicable; cependant si cette personne lance intentionnellement son javelot contre l'esclave et le tue, elle est alors tenue de l'action aquilienne. (Lois 9, § 4, et 10, pr., h t.)

Il est cependant certains cas où l'auteur du dommage causé n'encourt aucune responsabilité; cela tient tantôt à l'absence de discernement chez l'auteur du fait dommageable, tantôt à certaines circonstances qui rendent licite ce même fait.

Par exemple, pas de discernement chez un fou qui n'a pas conscience de ce qu'il fait, chez lequel il n'y a pas de volonté proprement dite, et chez un enfant dont l'intelligence n'est pas encore assez développée pour comprendre la portée de ses actes.

Un impubère, au contraire, s'il est assez intelligent, si son intelligence est assez développée, s'il est déjà, comme dit Ulpien « *injuriæ capax* » (Loi 5, § 2; h. t.), sera tenu de l'action aquilienne.

Supposons maintenant le fait dommageable accompli en pleine connaissance de cause; l'auteur pourra néanmoins, dans certaines circonstances, être affranchi de toute espèce de responsabilité, soit qu'il n'ait fait qu'user d'un droit, soit qu'il ait agi sous l'empire d'une impérieuse nécessité.

L'usage d'un droit étant inconciliable avec l'idée de faute, la loi Aquilia ne s'appliquera pas, par exemple :

A celui qui aura tué un voleur de nuit, pourvu qu'il ait appelé au secours. A cette condition d'appel au secours, il faut encore que le voleur ait résisté, s'il s'agit d'un voleur de jour. (Loi 4, h. t.) C'est la consécration du droit de légitime défense.

Au mari qui aura tué l'esclave d'autrui surpris en flagrant délit d'adultère avec sa femme. (Loi 30, pr., h. t.)

A celui qui, dans un exercice de lutte, tue une autre personne; il n'est pas responsable, car ces jeux, très en honneur chez un peuple avant tout guerrier, avaient pour but de développer la force physique, et leur caractère d'utilité faisait primer

2

les imprudences ou même les violences voulues qui
pouvaient y être commises. La loi 7, § 4, h. t.
donne même ce pompeux motif de non-responsabi-
lité : « *Quia gloriæ causâ et virtutis, non injuriæ
gratiâ videtur damnum datum.* »

Un second ordre d'idées, c'est la contrainte qui
tout naturellement fait disparaître la responsabilité.

Ainsi celui qui, pour protéger sa maison menacée
par les progrès d'un incendie, abat celle du voisin,
est considéré comme ayant agi sous l'empire d'une
nécessité impérieuse et, comme tel, affranchi de
toute responsabilité. (Loi 49, § 1, h. t.)

De même, lorsqu'un homme libre cause un dommage à autrui, sur l'ordre d'une autre personne, il
est irresponsable s'il était placé sous l'autorité de
celui qui a donné l'ordre, et c'est contre ce dernier seul qu'on pourra intenter l'action aquilienne.
(Loi 37, pr., h. t.)

Les principes précédemment exposés s'appliquent
au cas où la personne auteur du dommage et celle
qui l'a subi n'étaient unies par aucun lien contractuel. On peut supposer maintenant qu'un contrat
soit précédemment intervenu entre elles et que la
convention passée ait eu précisément pour objet la
chose endommagée. Une différence profonde sépare
la faute contractuelle de la faute aquilienne. Sans
parler de la faute commise « *in omittendo* » que
ne réprime pas la loi Aquilia, il faut remarquer que

l'exercice de l'action aquilienne ne comporte pas
l'analyse du degré de la « *culpa*, » et selon qu'on
appliquera les règles de la convention intervenue
ou celles de la loi Aquilia en ce qui concerne la faute,
la responsabilité pourra se trouver singulièrement
modifiée. En d'autres termes, l'existence d'une convention exclura-t-elle l'application de la loi Aquilia
et la faute contractuelle sera-t-elle seule considérée ?

Prenons un exemple : Primus, auquel Secundus a
confié à titre de dépôt un vase précieux, le brise
par mégarde. Envisagé sous le rapport de l'exercice
de l'action aquilienne, le fait d'avoir brisé le vase fera
encourir une responsabilité à Primus, si faible que
soit la faute qu'on puisse lui reprocher, car nous
avons vu que la loi Aquilia prévoit même la « *culpa
levissima*. » Si l'on applique, au contraire, les règles
du dépôt en ce qui concerne la faute commise par
le dépositaire, celui-ci ne sera responsable que de
la « *culpa lata*, » de la faute lourde, le contrat
passé ne supposant chez lui aucun intérêt personnel. L'application de la loi Aquilia serait alors infiniment plus favorable pour Secundus que l'exercice
de l'action « *depositi directa*, » qui serait inutile
au cas où Primus n'aurait commis qu'une simple
négligence. L'application de la loi Aquilia, c'est le
droit commun ; mais le contrat passé n'a-t-il pas
eu précisément pour but et pour effet de soustraire
les parties à l'application de ce droit commun, et

de les soumettre au contraire aux règles établies par le contrat qui est intervenu entre eux ?

Cette question a été vivement controversée. Dans un premier système, on a dit que d'après la loi Aquilia une obligation était imposée à chacun, obligation tout à fait indépendante des relations contractuelles, et qu'en conséquence, cette obligation, qui incombe à tous et profite à tous, ne pouvait être modifiée par l'existence d'un contrat. Si, dit-on, dans l'exemple proposé, la solution donnée paraît modifier les règles du dépôt en matière de faute, et étendre une responsabilité qui, dans ce contrat, avait été étroitement limitée par les règles mêmes du contrat, ces limites subsisteront en ce qui concerne la faute commise « *in omittendo :* » par exemple, si le dépositaire ne restitue pas la chose déposée quand le propriétaire la lui réclame, il ne sera tenu dans ce cas que de sa faute lourde.

Les partisans de ce système tirent aussi argument de la loi 5, § 3, h. t., qui vise le cas d'un patron ayant blessé son apprenti en voulant le corriger. Julien se demande si, en pareil cas, on peut agir par l'action « *ex locato,* » mais il ajoute que très certainement l'action aquilienne peut être intentée.

Cette solution, dans une espèce particulière, ne saurait ébranler le principe d'après lequel, si les parties ont pris entre elles des engagements réciproques, c'est précisément pour se soustraire aux règles de droit commun, pour suivre au contraire les règles édictées en ce qui concerne la convention qui les lie, et, dans l'exemple proposé, pour se retrancher dans les limites de la responsabilité telles que les fixe le contrat de dépôt. Si, dans ce cas particulier, la responsabilité du dépositaire est amoindrie quant au degré de faute, elle sera par contre plus étendue d'un autre côté, en ce qu'elle comprendra la faute « *in omittendo.* »

Nous dirons donc que si la faute est à la fois contractuelle et aquilienne, alors seulement on pourra intenter soit l'action du contrat, soit l'action aquilienne, sans pouvoir toutefois cumuler le bénéfice de ces deux actions.

Une remarque doit aussi être faite : si l'acte qui a causé le dommage est étranger à la convention intervenue, s'il se produit sans que le but et la nature du contrat l'autorisent, par exemple, en matière de dépôt, si le dépositaire a brisé le vase en le faisant admirer à quelqu'un, l'action « *depositi* » n'est plus applicable comme si cet accident survenait dans un déménagement, par exemple. Les limites du contrat étant dépassées, on retombe dans le droit commun et l'action aquilienne peut alors être exercée, car le fait qu'elle réprime alors ne rentre pas dans les termes et le but du contrat de dépôt.

§ 2. — *Le « damnum » doit résulter d'un fait actif.*
*« Damnum datum. »*

C'est seulement en matière de contrats que la
faute « *in omittendo* » peut être relevée et engager
la responsabilité de son auteur. S'il n'existe, au
contraire, entre deux personnes aucun lien contractuel, l'une d'entre elles ne saurait être obligée de
faire quelque chose en faveur de l'autre. Son inaction peut être moralement blâmable ; au point de
vue juridique, elle échappe à toute action. La loi
Aquilia, qui punit la faute la plus légère, ne peut être
invoquée même en face de l'inaction la plus révol-
tante, les conséquences qu'elle entraîne fussent-elles
excessivement graves. Si aucun lien juridique ne lie
la personne auteur du dommage à celle qui l'a
éprouvé, cette dernière ne peut se plaindre et obtenir réparation que s'il s'agit d'un fait positif, d'un
fait actif, et non d'une simple omission. C'est ce que
nous démontre un texte d'Ulpien. On y demande à
quoi sert la « *cautio* » donnée par l'usufruitier,
puisqu'il est tenu de l'action aquilienne, s'il dété-
riore les choses dont il a l'usufruit. Le jurisconsulte
répond que la « *cautio* » est utile toutes les fois
qu'on ne pourra pas recourir à l'exercice de l'action
aquilienne, par exemple si l'usufruitier n'est coupable que d'une faute « *in omittendo,* » s'il né-

glige de cultiver les champs, de tailler les vignes ou d'entretenir les aqueducs. (Loi 13, § 2, liv. VII, t. Ier.) Dans tous ces cas, l'usufruitier n'est coupable en effet que d'une faute d'inaction ; il n'y a de sa part aucun fait positif qui donne ouverture à l'action aquilienne. Il faut donc un fait actif ; c'est ce que démontrera encore l'analyse de la condition suivante.

§ 3. — *Le « damnum » doit avoir été causé « corpore. »*
*« Damnum corpore datum. »*

Le dommage doit résulter directement et corporellement de l'acte accompli par l'auteur du délit ; il faut que ce dernier en soit la cause immédiate, corporelle, soit qu'il ait agi par lui-même, sans le secours d'aucun instrument, soit qu'il ait dirigé une arme contre l'esclave ou l'animal qui a été tué ou blessé, ou contre la chose qui a été détruite ou endommagée. Il ne suffit pas qu'il ait été la cause certaine, unique, mais indirecte du « *damnum,* » il faut encore qu'il l'ait causé « *corpore suo.* »

Ces mots « *damnum corpore corpori datum,* » que l'on trouve au § 16 des Instituts, ne figuraient pas dans la loi Aquilia elle-même. C'était un principe qu'on avait tiré des expressions employées par la loi, « *occidere, urere, frangere, rumpere,* » qui indiquent clairement l'idée d'un dommage purement matériel, l'objet du second chapitre de la loi mis à part, bien entendu. Ulpien nous donne probablement le texte exact du troisième chapitre de la loi Aquilia, dans la loi 27, h. t. « *Tertio autem capite ait eadem lex Aquilia, cæterarum rerum præter hominem et pecudem occisos, si quis alteri damnum faxit, quod usserit, fregerit, ruperit injuriá, quanti ea res*, etc.... » La doctrine s'emparant de ces diverses expressions en avait dégagé le principe que le « *damnum* » devait être causé « *corpore corpori*. » A l'époque où fut rendue la loi Aquilia, on conçoit que cette idée de dommage matériel ait été prédominante.

Les jurisconsultes spécifient donc cette condition d'un « *damnum corpore datum*. » Ainsi, par exemple, un texte de Celsus au Digeste nous dit : « *Celsus autem multum interesse dicit an mortis causam præstiterit, ut qui mortis causam præstitit, non Aquiliá, sed in factum actione teneatur*. » (Loi 7, § 6, h. t.) Les textes nous fournissent de nombreuses applications de ce principe ; ils nous montrent l'action aquilienne refusée à la victime du dommage parce que ce dommage n'a pas été causé « *corpore*. »

On a enfermé un esclave ou un troupeau de manière à le faire mourir de faim.

On a effrayé un cheval qui s'est jeté dans un précipice.

On a décidé un esclave à monter sur un arbre

ou à descendre dans un puits, et ainsi causé sa mort.

On a produit une fumée si épaisse que les abeilles du voisin se sont enfuies.

On a offert du poison à un malade, et c'est le malade qui l'a pris lui-même.

Dans toutes ces hypothèses, comme les conséquences dommageables ne résultent pas immédiatement de l'action directe de leur auteur, ne sont pas causées « *corpore,* » l'action aquilienne est refusée à la victime.

Cette subtilité d'analyse conduit parfois à des solutions différentes, dans certaines espèces où on est fort embarrassé de décider si le dommage a été causé « *corpore.* »

Ulpien nous en offre un exemple curieux : quelqu'un excite son chien qui mord une autre personne. Proculus accorde à la personne mordue l'action aquilienne, que le chien ait été ou non tenu en laisse, mais Julien la refuse dans le cas où le chien n'était pas tenu en laisse. (Loi 11, § 5, h. t.) Proculus considère le chien comme un simple instrument, et accorde l'action directe dans tous les cas.

Il fallait donc que le dommage ait été causé « *corpore* » pour qu'une action directe de la loi fût accordée. La rigueur de ce principe empêchait d'obtenir réparation pour une foule de dommages. Cette rigueur fut, comme nous le verrons plus loin, corrigée par le droit prétorien, qui admit pour le cas où le dommage n'était pas causé « *corpore* » l'exercice d'actions utiles. Les jurisconsultes avaient d'ailleurs ouvert la voie à la réforme prétorienne. On avait étendu graduellement, aussi bien pour le « *damnum* » causé « *corpore* » que pour le « *damnum* » causé « *corpori*, » le sens des expressions employées par la loi.

Ainsi Celsus, dont Ulpien nous rapporte l'opinion, après avoir, au § 6 de la loi 7 que nous avons citée, distingué nettement entre le cas où une personne a tué quelqu'un (*occidere*) directement et celui où elle a été la cause de sa mort (*mortis causam præstare*), le même Celsus, dans le paragraphe suivant, accorde l'action directe de la loi, si une personne a précipité quelqu'un du haut d'un pont. Peu importe, d'après le jurisconsulte, que la mort ait été causée par le coup porté ou que la victime soit morte simplement noyée, l'action aquilienne est dans tous les cas applicable. Il y a évidemment dans ce cas une extension du mot « *occidere*. » Si la victime a été noyée, la mort n'est pas le résultat direct de l'acte du délinquant; elle n'en est que la conséquence, car la mort a été produite par l'eau. Néanmoins, le jurisconsulte, considérant qu'un acte physique a été exercé sur la victime, acte dont la mort est résultée, le fait rentrer dans l'expression « *occidere* » et accorde en conséquence l'action aquilienne. Pareille extension des termes de la loi fut sans aucun doute le point de départ de la réforme prétorienne.

§ 4. — *Le « damnum » doit avoir été causé « corpori. »*
*« Damnum corpori datum. »*

La quatrième condition nécessaire à l'exercice de l'action aquilienne, c'est qu'il y ait eu dommage matériel, c'est qu'un corps ait été détruit ou endommagé, et, pour employer l'expression latine, *« si corpus læsum fuerit. »*

Ainsi que nous l'avons dit précédemment à propos du dommage causé *« corpore, »* cette condition d'un dommage matériel *« damnum corpori datum »* avait été tirée des expressions employées par la loi : *« occidere, urere, frangere, rumpere. »* On en avait dégagé le principe que Justinien formule dans les Institutes et dont les textes nous fournissent de nombreux exemples :

Ainsi une personne touchée de compassion enlève à un esclave les chaînes que son maître lui avait mises et provoque ainsi la fuite de l'esclave. Il n'y a ici aucune altération matérielle, et l'action aquilienne ne peut être intentée par le maître de l'esclave.

L'exemple est encore plus frappant dans le cas où une personne ouvre une cage renfermant des oiseaux et où ceux-ci s'envolent ; en effet, si un esclave auquel on enlève ses chaînes s'enfuit, la responsabilité de la personne qui a délivré l'esclave se trouve atténuée par cette considération qu'elle pouvait croire qu'il ne profiterait pas de la circonstance pour s'enfuir, et qu'à sa faute à elle vient se joindre la faute de l'esclave, tandis que si on ouvre une cage, on est certain que les oiseaux qu'elle renferme prendront la fuite.

De même qu'en matière de « *damnum corpore datum,* » les jurisconsultes étendirent le sens des expressions de la loi. Le mot *rumpere* fut pris comme synonyme de *corrumpere*. « *Inquit lex : ruperit. Rupisse verbum fere omnes veteres sic intellexerunt : corruperit.* » (Loi 27, § 13, h. t.) Ainsi une personne qui a fait aigrir du vin sera tenue de l'action aquilienne, ce fait rentrant dans l'expression « *corrumpere*. » Il y avait là un premier progrès réalisé par la doctrine, progrès qui fut ensuite complété par le droit prétorien, comme nous le verrons plus tard. Remarquons dès maintenant que la condition d'existence d'un dommage matériel rendait l'innovation du préteur beaucoup plus radicale en matière de « *damnum* » causé « *non corpori* » qu'en matière de « *damnum* » causé « *non corpore.* »

# CHAPITRE III

## SANCTION DE LA LOI AQUILIA

———

Il s'agit maintenant d'examiner quel était le mode de réparation accordé à la victime du dommage, d'en mesurer le quantum par rapport à la valeur de la chose détruite ou détériorée.

L'indemnité est ainsi fixée pour le premier chef : « *Quanti id in eo anno plurimi fuit,* » et pour le second : « *Quanti ea res erit in diebus triginta proximis.* »

La réparation particulièrement élevée qu'on accordait s'il s'agissait d'esclaves ou de bétail s'explique par les origines du peuple romain, peuple essentiellement agricole aux premiers temps de son histoire, et porté par conséquent à attribuer une haute valeur aux choses qui servaient à la culture. Il est probable, en outre, qu'on voulait indemniser le propriétaire de la privation qu'il avait subie, soit de l'esclave, soit d'une tête de bétail, au moment où il pouvait en avoir grand besoin, et de l'obligation où il avait pu se trouver d'en racheter d'autres à une période où le prix en était peut-être très élevé.

Il y avait parfois doute sur la question de savoir à quelle époque remontait le délai de trente jours ou d'un an. Par exemple, supposons un esclave ou un animal blessés à mort, mais ne mourant que quelque temps après. Le délai courra-t-il à partir du moment où ils ont été blessés à mort ou seulement à partir de la mort? Julien décide que le délai part du jour où ils ont été blessés, tandis que Celse ne le fait courir qu'à partir de la mort. (Loi 21, § 1, h. t.)

Remarquons, en ce qui concerne le troisième chef, que le mot *plurimi* n'étant pas répété par la loi, durant les premiers temps, le juge condamnait le délinquant à payer la valeur de la chose pendant l'un quelconque des trente jours. Plus tard, Sabinus fit décider que, comme dans le premier chef, l'indemnité serait basée sur la plus haute valeur de la chose pendant cette même période.

Il arrivera que l'indemnité payée par le délinquant dépassera ainsi de beaucoup la valeur de la chose au moment du délit. Par exemple, Julien nous cite le cas d'un esclave, peintre de valeur, qui a le doigt coupé et qui, peu après cet accident, est tué par quelqu'un; le propriétaire recevra une indemnité équivalente à la valeur de l'esclave antérieurement à l'accident qui l'avait privé de son pouce, quoique cet accident en ait diminué sensi-

blement la valeur. C'est précisément ce bénéfice
que l'on tire de l'exercice de l'action aquilienne qui
lui donne un caractère particulier, le caractère
d'action pénale, car ce bénéfice constitue une
« *pœna* » proprement dite qui est infligée à l'auteur du délit, et sur laquelle nous reviendrons plus
tard.

Au point de vue de la valeur du « *quanti ea res
est,* » pour nous servir de l'expression qu'on insé-
rait dans la formule, une question doit être posée.
S'agissait-il de la valeur vénale de la chose, du prix
qu'on aurait pu en trouver sur le marché, ou s'agissait-il, au contraire, de sa valeur d'intérêt par rapport au propriétaire, c'est-à-dire de la valeur spéciale
qu'elle pouvait avoir pour ce dernier ? Naturellement
ces deux modes d'estimation peuvent aboutir à des
résultats très différents ; on conçoit qu'une chose
puisse avoir pour son propriétaire une valeur toute
particulière, bien supérieure à sa valeur marchande.
C'est cependant cette valeur marchande seule qui
était primitivement considérée ; plus tard les jurisconsultes réagirent contre cette insuffisance de la
réparation ; par voie d'interprétation, ils décidèrent
que la victime du délit devait être indemnisée de
la perte entière par elle subie, ainsi qu'en témoigne
ce passage de Justinien : « *Illud non ex verbis legis,
sed ex interpretatione placuit non solum perempti
corporis æstimationem habendam esse, secundum
ea quæ diximus, sed eo amplius quidquid præ-*

*terea perempto eo corpori damni nobis allatum fuerit, veluti si servum tuum heredem ab aliquo institutum ante quis occiderit, quam is jussu tuo adiret : nam hereditatis quoque amissæ rationem esse habendam constat.* » (Inst., § 10, h. t.) Ulpien déclare aussi : « *Sed utrum corpus ejus solum æstimamus, quanti fuerit, cum occideretur, an potius quanti interfuit nostra non esse occisum ? et hoc jure utimur ut ejus quod interest fiat æstimatio.* » (Loi 21, § 2, h. t.) Les textes nous donnent une série d'applications de cette estimation de l'indemnité.

Un esclave faisant partie d'une troupe d'acteurs ou de musiciens a été tué, ou bien c'est un cheval qui faisait partie d'un quadrige ; on doit alors ajouter à la valeur de l'esclave ou du cheval la dépréciation subie par là troupe ou le quadrige dont ils faisaient partie. (Loi 22, § 1, h. t.)

Un esclave est institué héritier ; il est tué avant d'avoir fait adition ; dans l'indemnité qu'on demandera, on pourra faire entrer en ligne de compte la valeur de l'hérédité.

La loi 23, § 4, h. t., nous en donne aussi un exemple assez curieux : Un esclave a, de complicité avec d'autres personnes, trompé son maître dans l'administration de ses biens. Avant que le maître ait pu le mettre à la torture, dans le but de lui faire révéler le nom de ses complices, l'esclave est tué par une tierce personne. L'indemnité qui sera obtenue par l'exércice de l'action aquilienne comprendra non seulement la valeur de l'esclave mort, mais aussi le préjudice qu'aura subi le maître en se trouvant dans l'impossibilité de découvrir les complices de l'esclave infidèle.

L'indemnité comprendra toute perte subie par le propriétaire, mais n'ira pas au delà; ainsi le fait qu'une personne a un attachement particulier pour la chose détruite ou endommagée ne sera pas pris en considération; car son simple intérêt d'affection ne peut être évalué d'une façon précise; il n'y a pas alors une altération proprement dite des droits de propriété d'autrui. C'est ce que décide Paul ; « *Si servum meum occidisti, non affectiones æstimandas esse puto, veluti si filium tuum naturalem quis occiderit, quem tu magno emptum velles, sed quanti omnibus valeret. Sextus quoque Pedius ait pretia rerum non ex affectione nec utilitate singulorum, sed communitur fungi.* (Loi 33, pr., h. t.)

On ne doit pas non plus tenir compte du préjudice incertain, comme si, par exemple, des filets de pêcheur ont été brisés, on ne doit pas compter les poissons qu'ils auraient pris, car la réussite de la pêche est toujours incertaine. (Loi 29, § 3, h. t.)

La loi 55 à notre titre nous donne un exemple assez compliqué de l'application de la loi Aquilia. J'ai promis alternativement Stichus ou Pamphile à Titius, Stichus valant dix mille et Pamphile vingt

mille sesterces ; je suppose que Titius, le créancier,
a tué Stichus avant ma mise en demeure. Pourrai-je
réclamer par l'action aquilienne dix mille ou vingt
mille sesterces ? Le jurisconsulte répond que je
pourrai en demander vingt mille, et ceci est parfaitement logique, car l'obligation, d'alternative
qu'elle était, est devenue pure et simple ; le débiteur
ne pourra plus se libérer qu'en livrant Pamphile, et
c'est de la valeur de Pamphile qu'il doit être in-
demnisé.

Une seconde question est soulevée par le jurisconsulte, qui suppose qu'après que Stichus a été
tué, Pamphile vient à mourir avant que j'aie été mis
en demeure. Je ne suis plus obligé de livrer Pamphile, mais il suffit que dans l'année qui a précédé
le meurtre de Stichus, j'aie été obligé conditionnel-
lement de le faire, et que Stichus ait représenté
alors à mes yeux une valeur de vingt mille sesterces
puisque je pouvais le livrer à la place de Pamphile,
pour que je puisse réclamer la somme de vingt mille
sesterces.

Enfin, une troisième question se pose pour le
cas où Pamphile est mort avant le meurtre de
Stichus ; le débiteur est alors entièrement libéré ;
néanmoins, toujours en se fondant sur cette idée
qu'il faut remonter dans l'année qui a précédé le
meurtre pour examiner la valeur que Stichus avait
à un moment quelconque de cette période, si
Pamphile est mort moins d'un an avant le meurtre

de Stichus, il suffit que Stichus ait représenté aux
yeux du débiteur à un moment quelconque de l'année précédente la valeur de Pamphile, c'est-à-dire
vingt mille sesterces, pour que le débiteur puisse
réclamer cette somme par l'exercice de l'action
aquilienne.

Reste à examiner le cas où il y avait dénégation
de la part du défendeur à l'action aquilienne. Dans
ce cas, s'il était convaincu d'avoir commis le fait
qui donnait naissance à l'action, la condamnation
était portée au double, aggravation qui n'était pas
d'ailleurs spéciale à la loi Aquilia ; c'est ainsi qu'elle
avait lieu pour l'action « *judicati*, » pour l'action
« *depensi* » accordée au *sponsor* qui avait à recourir contre le débiteur principal, et enfin, sous Justinien, pour l'action qui avait pour but d'obtenir
l'exécution d'un legs fait à un établissement reli-
gieux. On considérait que le fait de nier faussement
le délit qu'on avait commis constituait un nouveau
délit qui méritait une peine distincte de celle qui
frappait le premier.

Il faut naturellement que la dénégation porte sur
le fait lui-même : il n'y aurait pas « *inficiatio* » si
le défendeur se bornait à contester que le fait ait
eu lieu « *injuriâ*, » ou que l'indemnité réclamée
fût exactement fixée. Dans le cas où ce défendeur
avouait par erreur le fait qu'on lui reprochait, par
exemple dans la crainte qu'une condamnation au
double ne fût prononcée contre lui, on pourrait croire

qu'une fois cette erreur reconnue, la répétition lui
était ouverte. Cependant la loi 4 « *de confessis* »
décidait le contraire : « *Si is, cum quo lege Aquiliâ agitur, confessus est servum occidisse, licet
non occiderit, si tamen occisus sit homo, ex con-
fesso tenetur.* » Remarquons d'ailleurs que la loi
spécifie bien : « *si tamen occisus sit homo,* » car
si l'esclave était encore vivant, l'erreur commise
ne pourrait servir de base à une condamnation
ainsi que le décide Julien : « *Si quis hominem vivum falso confiteatur occidisse, et postea para-
tus sit ostendere hominem vivum esse, Julianus
scribit cessare Aquiliam : quamvis confessus sit
se occidisse.* » (Loi 23, § 11, h. t.)

# CHAPITRE IV

## NATURE DE L'ACTION AQUILIENNE

---

Si l'on considère quel est le résultat obtenu par l'exercice des diverses actions, on voit que ce résultat diffère selon la classe à laquelle ces actions appartiennent. Les unes ont pour but de maintenir l'intégralité des droits de propriété du demandeur, de prévenir l'altération illégitime de son patrimoine; on les appelle « *actiones rei persequendæ causá comparatæ.* » Telles sont, par exemple, la « *rei vindicatio* » et l'action « *ex mutuo.* » D'autre part, on voit des actions par lesquelles le patrimoine du défendeur se trouve amoindri; elles ont pour but de punir ce défendeur en lui infligeant la perte qu'il subit; c'est pourquoi on les appelle « *actiones pœnæ persequendæ causá comparatæ.* » C'est la perte éprouvée par le défendeur qui constitue la « *pœna.* » Telles sont l'action « *furti* » et l'action « *injuriarum.* »

Parfois dans la même action se trouvent combinés les deux éléments que nous venons d'indiquer :

paiement d'une « *pœna* » et indemnité acquise au demandeur pour la réparation du préjudice éprouvé. Une telle action est appelée alors « *mixta, tam rei quam pœnæ persequendæ causâ comparata :* » par exemple l'action « *vi bonorum raptorum.* »

Si l'on considère à ce point de vue la nature de l'action aquilienne, il semble, à première vue, qu'ayant pour but la réparation du préjudice éprouvé, c'est une simple action persécutoire. D'autre part, comme il peut arriver que l'indemnité obtenue soit supérieure à la valeur de la chose au moment du délit, par exemple si, dans l'année ou dans les trente jours qui ont précédé ce délit, la chose en question avait une valeur supérieure, l'action aquilienne prend alors le caractère d'action mixte, car le demandeur obtient à la fois un bénéfice et la réparation du préjudice subi. Un passage des Institutes (liv. IV, t. VI, § 19) l'envisage ainsi : « *Aquiliæ actio de damno injuriæ mixta est, non solum si adversus inficiantem in duplum agatur, sed interdum et si in simplum quisque agit : veluti si quis hominem claudum aut luscum occiderit, qui eo anno integer et magni pretii fuerit.* » Ainsi, soit que la condamnation ait été portée au double, soit que la chose, objet de l'action, ait eu une valeur moindre au moment du délit, l'action aquilienne a un caractère mixte.

Mais, en supposant que la réparation obtenue ne soit que l'exacte représentation du préjudice

éprouvé, comme la destruction ou la détérioration
d'un objet n'aura pas vraisemblablement enrichi le
défendeur, l'indemnité qu'il devra payer constituera
pour lui un appauvrissement. Par rapport à lui,
l'action, même en ce cas, conservera donc un caractère pénal. Le demandeur ne réalisant aucun bénéfice, on dira alors que l'action est pénale unilaté-
rale, tandis que dans le cas où il en réalise un, on
la qualifiera pénale bilatérale.

Passons maintenant à l'application du caractère
mixte que nous venons d'attribuer à l'action aquilienne. Les actions persécutoires pouvaient être in-
tentées contre les héritiers du défendeur, tandis
que les actions pénales étaient intransmissibles au
point de vue passif. Appliquera-t-on à l'action aquilienne l'une ou l'autre de ces règles ou les combi-
nera-t-on en raison de son caractère mixte? L'idée
qui semble avoir prévalu en droit romain, c'est que
l'action aquilienne était considérée comme une action
pénale, et par conséquent était intransmissible contre
les héritiers du délinquant. L'idée dominante était
que l'indemnité avait le caractère d'une peine, ce
qui se conçoit très bien d'ailleurs, attendu que dans
presque tous les cas, le délinquant ne tirait aucun
profit personnel de l'acte pour lequel il devait fournir réparation. Ceci ressort particulièrement de la
loi 11, § 2, h. t., où il est dit, en parlant du cas où
les coups portés par plusieurs personnes auraient
occasionné la mort d'un esclave : « *Quod si non*

*apparet omnes quasi occiderint teneri Julia-*
*nus ait, et si cum uno agatur, cæteri non libe-*
*rantur, nam ex lege Aquiliâ quod alius præsti-*
*tit alium non relevat, cum sit pœna.* » Ainsi l'indemnité payée par l'un des délinquants ne libère
pas les autres, ce qui démontre bien le caractère
essentiellement pénal de cette indemnité.

Une seconde conséquence du caractère pénal de
l'action aquilienne, c'est l'abandon noxal qui pouvait avoir lieu. Lorsqu'un délit était commis par
une personne « *alieni juris,* » par un fils de famille ou bien par un esclave, et que le maître de
l'esclave ou le père de famille étaient poursuivis
à l'occasion de ce délit, ils pouvaient échapper à
une condamnation en faisant abandon de l'esclave
ou du fils de famille. Toutefois, il faut qu'aucune
faute n'incombe au maître, comme dans l'exemple
que donne Proculus, rapporté par Ulpien, où il
s'agit d'esclaves ayant brûlé une ferme exploitée
par un colon ; celui-ci pourra faire l'abandon noxal
sous cette réserve qu'il n'y aura eu de sa part
aucune faute personnelle : « *Sed hæc ita, si culpâ*
*colonus careret, cæterum si noxios servos habuit,*
*damni eum injuriâ teneri, cur tales habuit.* »
(Loi 27, § 11, h. t.) Ajoutons que, dès avant Justinien, l'abandon noxal des fils de famille avait dis-
paru.

# CHAPITRE V

## DU DEMANDEUR ET DU DÉFENDEUR

Le droit d'intenter l'action aquilienne appartient
en principe au propriétaire de la chose détruite ou
endommagée : « *Legis autem Aquiliæ actio ero
competit, hoc est domino.* » Le droit d'intenter
cette action passe à l'héritier de la victime : « *Hanc
actionem et heredi cæterisque successoribus dari
constat.* » (Loi 23, § 8, h. t.) Mais si le dommage
a été causé après la mort du propriétaire, le droit
de l'intenter naît au profit de l'hérédité (*hereditas
personam sustinet*), et l'héritier, après avoir fait
adition, pourra poursuivre le délinquant. On le
voit, par une fiction de la loi, il n'est pas nécessaire
d'être propriétaire au moment même du délit. Cela
se rencontre aussi en matière de *postliminium*, où
le captif de guerre, redevenu libre, pourra intenter
l'action née à son profit durant le cours de sa capti-
vité.

De nombreuses applications de ce principe sont
faites en matière de legs. Par exemple, un esclave

légué *per vendicationem* est tué avant l'adition
d'hérédité; le bénéfice de l'action aquilienne appartient à l'hériter seul, attendu que le légataire n'a-
vait au moment du délit encore aucun droit sur
l'esclave. Si l'esclave n'a reçu qu'une simple blessure, l'action appartiendra à l'héritier, mais il devra
la céder au légataire. (Loi 15, pr., h. t.)

Si l'esclave a été tué après l'adition d'hérédité,
l'action aquilienne appartiendra au légataire, s'il a
accepté le legs avant la mort de l'esclave, « *si non
post mortem servi adgnovit legatum.* » Cette
solution, donnée par Ulpien (Loi 13, § 3, h. t.), fait
allusion à une controverse qui s'était élevée entre
Proculiens et Sabiniens, sur la question de savoir
quand le légataire *per vendicationem* devenait
propriétaire de la chose léguée. Pour les Sabiniens,
il le devenait dès l'adition d'hérédité faite par
l'héritier; pour les Proculiens, il fallait encore qu'il
eût accepté le legs. Une constitution d'Antonin
avait bien sanctionné l'opinion des Proculiens, mais
cette opinion était complètement rejetée à l'époque
de Justinien; aussi, le texte d'Ulpien étant manifes-
tement contraire à l'opinion consacrée sous Justinien, a-t-on proposé, pour la concilier avec cette
dernière, de substituer à la phrase : « *Si non post
mortem servi adgnovit legatum,* » la correction
suivante : « *Si vel post,* etc.... » Que tel ait été
le texte d'Ulpien, il n'en reste pas moins certain que le texte non rectifié est contraire à la doc-

trine reçue sous Justinien. Cette différence entre le
cas où un esclave est tué et celui où il n'est que
blessé, provient de ce que sous l'empire du droit
classique, le légataire « *per vendicationem* » avait
une simple action « *in rem* » qui s'éteignait au cas
où la chose était détruite. Sous Justinien, au contraire, le légataire était en outre muni d'une action
personnelle, et devenu véritable créancier, il pouvait en dehors de l'action « *in rem* » réclamer
par une action « *in personam* » la cession des
actions qui pouvaient exister au sujet de la chose
léguée.

De ce qu'il fallait être propriétaire de la chose
endommagée pour intenter l'action, il s'ensuivait
qu'un homme libre blessé par quelqu'un ne pouvait
se servir de la loi Aquilia, « *quoniam dominus
membrorum suorum nemo videtur.* » (Loi 13,
pr., h. t.) Il n'aura dans ce cas qu'une action
utile.

Sans être propriétaire de la chose, on peut avoir
un droit sur elle, et éprouver par conséquent un
préjudice si elle est endommagée ou détruite. Tels
sont l'usager, l'usufruitier, le possesseur de bonne
foi, auxquels le préteur accorde une action utile.

Supposons maintenant que quelqu'un ait sur la
chose détruite ou endommagée un simple droit de
créance. Aucune action ni directe, ni même utile,
n'était alors donnée au créancier. Le droit prétorien
le protégeait d'une autre façon. S'il s'agissait d'une

action de bonne foi, le débiteur de la chose due pouvait être contraint de céder au créancier l'exercice de l'action aquilienne.

Par exemple, en cas de vente, l'acheteur intentera contre le vendeur l'action « *empti*, » et comme les termes de la formule sont largement conçus, c'est-à-dire « *ex æquo et bono*, » le juge usera de cette latitude pour condamner le vendeur à céder à l'acheteur l'exercice de l'action aquilienue.

En matière de contrats de droit strict, les pouvoirs du juge étant étroitement limités par la formule, il ne pouvait que condamner le défendeur à opérer la délivrance de la chose dans l'état où elle se trouvait, le débiteur n'étant nullement responsable des détériorations qui étaient l'œuvre d'une personne étrangère. Mais, même dans ce cas, le créancier n'était pas entièrement désarmé. Au cas où l'auteur du délit avait agi dolosivement, il pouvait intenter contre lui l'action « *de dolo*, » ainsi qu'en témoigne la loi 18, § 5 « *de dolo malo* » au Digeste. Cette action pouvait d'ailleurs, dans certains cas, être impuissante pour obtenir réparation du préjudice. Nous avons vu que l'action aquilienne réprime la simple faute, la seule négligence. Or, pour faire triompher l'action « *de dolo*, » il faut prouver que le délinquant a employé des manœuvres frauduleuses, et dans tous les cas où il n'y a pas eu intention dolosive de la part du délinquant, cette action ne pourra être intentée.

L'évaluation du dommage auquel il est procédé
en cas d'exercice de l'action « *de dolo* » est d'ailleurs
moins avantageuse que dans le cas où on invoquait
le bénéfice de la loi Aquilia.

Voyons maintenant contre quelles personnes est
donnée l'action aquilienne. Nous savons qu'il suffit qu'une personne soit en faute pour être passible de l'action aquilienne. Si elle est seule à commettre le délit, pas de difficulté, mais si le délit est
l'œuvre de plusieurs personnes, comment s'exercera la répression ?

Un esclave est mort des coups que lui ont portés
plusieurs personnes. Si l'on découvre celui qui a
porté le coup mortel, il en sera naturellement responsable, mais dans le doute, « *omnes quasi occiderint teneri Julianus ait,* » tous sont responsables
de la mort de l'esclave, et le jurisconsulte ajoute
que si le propriétaire exerce l'action aquilienne
contre les délinquants, les autres ne sont pas pour
cela libérés ; ainsi, en pareil cas, on appliquait
strictement et rigoureusement à la loi Aquilia les
principes des actions pénales, alors cependant qu'il
semblerait résulter que le but principal de cette loi
fût d'obtenir la réparation d'un préjudice plutôt que
le châtiment d'un délit. Nous savons, en effet, qu'au
regard du demandeur, le caractère pénal de l'action
n'est pour ainsi dire qu'occasionnel, c'est-à-dire
n'existe que dans le cas où la valeur de la chose était
supérieure dans l'année ou les trente jours qui ont

précédé le délit. Et ce prétendu bénéfice n'était-il pas le plus souvent, d'ailleurs, que la représentation de l'indemnité qui pouvait être due au propriétaire à l'occasion de la privation de sa chose? L'application stricte de ce caractère pénal de la loi a été ainsi expliquée par M. de Savigny : « La loi, dit-il, permet à la partie lésée de poursuivre chacun des coupables, comme si l'acte n'avait pas été commis actuellement, mais à une époque quelconque de la dernière année. Cette fiction une fois admise, on arrive, pour chacun des coupables, à un moment où les autres n'agissaient pas de concert avec lui ; c'est pourquoi il doit payer la totalité du dommage. » Cette explication, qui peut être juste en ce qui concerne la « *pœna*, » n'est point décisive en ce qui concerne la réparation proprement dite du préjudice.

Nous avons vu précédemment l'explication du cas où une personne donne un coup mortel à un esclave et où une autre l'achève.

A l'égard des héritiers du délinquant, le caractère pénal de l'action aquilienne exerce toujours la même influence. Leur responsabilité est complètement dégagée, et, d'après la loi 23, § 8, h. t., ils ne peuvent être poursuivis que dans la mesure de leur enrichissement. « *In heredem vel cæteros hæc actio non dabitur, cum sit pœnalis : nisi forte ex damno locupletior heres factus sit.* » L'héritier alors n'est pas tant tenu en raison du délit commis par celui auquel il a succédé, qu'en raison de l'accroissement dans ses droits de propriétaire qui a eu lieu par une cause illicite.

Toutefois, quand le décès du délinquant n'est survenu qu'après la « *litis contestatio,* » la novation qui s'opérait dans l'obligation dont pouvait être tenu le délinquant vis-à-vis du demandeur, obligation qui prenait alors un caractère contractuel, faisait passer contre les héritiers le droit d'obtenir la réparation du préjudice. La « *litis contestatio* » effaçait en quelque sorte le caractère pénal de la responsabilité pour lui substituer le caractère d'une dette civile.

# CHAPITRE VI

## CONCOURS DE L'ACTION AQUILIENNE
### AVEC D'AUTRES ACTIONS

Nous avons envisagé, dans les explications qui précèdent, le fait dommageable sous le seul point de vue de l'application de la loi Aquilia ; mais ce fait peut donner lieu à l'exercice de plusieurs actions. Si aucun lien contractuel n'existe entre la partie lésée et le délinquant, on conçoit qu'en dehors de l'intérêt privé cet acte puisse porter atteinte à l'ordre public de telle sorte qu'une action pénale publique soit dirigée contre son auteur, et si le délit est d'une gravité moindre, qu'il donne lieu à une simple action pénale privée. Dans le cas où un rapport contractuel existerait, au contraire, entre les deux parties, le fait dommageable, outre l'action aquilienne qui lui est applicable, sera soumis à l'action contractuelle. C'est dans ces différentes hypothèses que se pose la question du concours des actions, lorsqu'un objet commun peut être poursuivi par des actions différentes. Nous allons exa-

miner l'influence que l'exercice d'une de ces actions
peut, en pareil cas, exercer sur les autres.

§ 1er. — *Concours de l'action aquilienne avec une action*
« *rei persequendæ causâ.* »

L'action aquilienne, action mixte, permet d'obtenir à la fois la réparation du préjudice et le paiement d'une « *pœna,* » bénéfice que celui qui est
investi du droit de l'intenter peut occasionnellement
réaliser. Une fois ce préjudice réparé, il ne peut
l'être à nouveau. Après avoir intenté l'action aquilienne, par laquelle le demandeur a obtenu à la fois
sa « *res* » et la « *pœna,* » il ne pourra plus intenter
l'action du contrat dont l'objet est déjà réalisé ; seul
le cumul de diverses peines pourrait se concevoir ;
quant à la réparation d'un dommage, elle ne saurait
avoir lieu qu'une fois. D'autre part, si le demandeur
commence par agir « *ex contractu,* » comme par
l'exercice de cette action il ne peut obtenir le bénéfice de la « *pœna,* » il pourra intenter ensuite l'action aquilienne pour ce qu'elle a de plus avantageux : c'est une sorte de cumul partiel. Cela ressort
de différents textes. Les uns déclarent que le cumul
est impossible, et les autres en admettent la possibilité pour ce que la seconde action a d'avantageux
sur la première ; ces décisions en apparence contradictoires s'expliquent par cette considération que

les textes qui prohibent le cumul prévoient le cas
où, par l'exercice de l'action aquilienne, le demandeur n'obtiendrait rien de plus qu'en agissant « *ex
contractu.* » Les autres, au contraire, visent l'hypothèse où par le moyen de l'évaluation de la chose
dans l'année ou les trente jours qui ont précédé le
délit, le demandeur peut obtenir une somme supérieure à la valeur de la chose au moment du délit,
c'est-à-dire plus qu'il n'aurait en intentant l'action
contractuelle. Cette explication est d'autant plus
probable que ces textes, en apparence contradictoires, émanent des mêmes jurisconsultes qui, vraisemblablement, n'ont pas voulu donner des décisions diamétralement opposées. Ainsi Paul, dans la
loi 43 (liv. XIX, t. II), décide que si un esclave loué
a été tué, on peut intenter soit l'action aquilienne,
soit l'action « *locati ;* » mais il ajoute « *alterutra
contentus actor esse debet,* » c'est-à-dire prohibe
le cumul des deux actions ; et le même Paul, dans
la loi 34, § 2 (liv. XLIV, tit. VII), donne l'action
aquilienne pour ce qu'elle a de plus avantageux que
l'action « *commodati.* » Remarquons d'ailleurs que
les commentateurs s'accordent à retrancher la négation qui se trouve à la fin du texte de cette loi
pour le rendre intelligible.

Les lois 46 et 47 « *ad leg. Aquil.* » nous montrent une hypothèse où l'action aquilienne peut se
cumuler avec elle-même : « *Si vulnerato servo
lege Aquiliá actum sit postea mortuo ex eo vul-*

*nere, agi lege Aquiliâ nihilominus potest.* » La
loi 47 apporte un tempérament : au moyen d'une
exception de dol, le délinquant pourra faire déduire
de la seconde condamnation ce qu'il aura déjà
payé en raison de la première.

### § 2. — Concours de l'action aquilienne avec une action pénale privée.

Cette hypothèse se réalise dans le cas où un
même fait tombe sous l'application de différentes
lois pénales. Quels sont alors les droits de la partie
lésée au point de vue de l'exercice des différentes
actions qui s'offrent à elle ? Là-dessus les jurisconsultes romains n'étaient point d'accord, et les
textes nous révèlent à ce sujet l'existence de trois
systèmes.

Dans un premier système, soutenu par Modestin,
la personne lésée ne peut exercer que l'une seule
des actions à son choix : « *Plura delicta in unâ
plures actiones admittunt, sed non posse omnibus, uti probatum est : nam si ex unâ obliga-
tione plures nascuntur actiones, unâ tantum-
modo, non omnibus utendum est.* » (Loi 53, pr.,
liv. XLIV, tit. VII.) Ainsi, d'après Modestin, pas de
cumul possible.

Dans une seconde opinion soutenue par Paul, le
cumul partiel est admis, exactement comme dans

le cas où une action « *rei persequendæ causá* »
concourt avec l'action aquilienne. Si la première
action a été intentée, on pourra ensuite agir au
moyen de la seconde, dans la mesure de ce qu'elle
a de plus avantageux, « *in id quod amplius est.* »
Dans l'espèce citée par Paul, un esclave a été frappé
d'une façon injurieuse pour le maître. Après avoir
signalé des opinions divergentes sur la question du
concours de l'action aquilienne et de l'action d'injures, Paul décide : « *Rationabilius itaque est
eam admitti sententiam, ut liceat ei quam vo-
luerit actionem prius exercere, quod autem amplius in altera est, etiam hoc exequi.* » (Loi
34, pr., liv. XLIV, tit. VII.) Ainsi, si le maître a
d'abord exercé l'action « *injuriarum,* » il pourra
ensuite intenter l'action aquilienne pour ce qu'elle
a de plus favorable. D'autres textes de Paul appliquent le même principe.

Une troisième opinion exprimée dans des textes
nombreux consacrait au contraire le principe du cumul des actions qui pouvaient être exercées successivement et pour le tout. Ulpien, dans la loi 60 (liv.
XLIV, tit. VII) nous dit : « *Nunquam pœnales actiones de eâdem pecuniâ concurrentes, alia
aliam consumit.* » Hermogénien nous apprend
que l'opinion d'Ulpien avait fini par triompher :
« *Cum ex uno delicto plures nascuntur actiones,
sicut evenit, cum arbores furtim cæsæ dicuntur,
omnibus experiri permitti post magnas varie-*

*tates obtinuit.* » (Loi 32, liv. XLIV, tit. VII.) Cette
doctrine avait enfin été définitivement consacrée
par Justinien, qui reproduit dans les Institutes
(liv. IV, tit. IX, § 1) les propres expressions de la
loi d'Ulpien précitée.

§ 3. — *Concours de l'action aquilienne avec une action
pénale publique.*

Le concours de ces deux actions pouvait avoir
lieu, car elles avaient un objet tout différent ; l'une,
l'action aquilienne a pour objet la réparation d'un
préjudice, tandis que l'action pénale a pour but
d'infliger une peine au coupable. Ainsi, en cas de
meurtre d'un esclave, le coupable tombera à la fois
sous l'application de la loi Aquilia et de la loi « *Cornelia de sicariis.* » Il pourra être condamné à
mort, et en outre condamné à réparer le préjudice
subi par le maître : « *Si dolo servus occisus sit, et
lege Corneliâ agere dominum posse constat : et
si lege Aquiliâ egerit, præjudicium fieri Cor-
neliæ non debet.* »

# CHAPITRE VII

———

L'application trop stricte des termes dans lesquels était conçue la loi Aquilia entraînait de nombreux inconvénients ; des intérêts variés et sérieux n'étaient pas protégés parce qu'ils ne rentraient pas dans les termes trop étroits et exclusifs de la loi. L'influence du droit prétorien se fit là comme partout sentir, et pour les cas qui n'avaient pas été prévus par la loi, ou plutôt pour les hypothèses auxquelles on ne pouvait littéralement accorder le bénéfice d'une action aquilienne « *directa,* » le préteur créa une action utile et une action « *in factum.* » L'action est « *directa* » quand elle est donnée conformément aux termes littéraux d'une loi ; si, au contraire, une action est donnée par extension des termes dans lesquels cette loi est conçue, par exemple, pour protéger des intérêts identiques à ceux dont la loi s'occupe, cette action sera une action utile prétorienne ; le préteur supposait par exemple au

demandeur une qualité qu'il n'avait pas. Ainsi, nous
avons vu qu'une action utile était accordée au possesseur de bonne foi, à l'usager, à l'usufruitier ; dans
la formule qui leur était délivrée l'action supposait
cette qualité de propriétaire, dont ils ne jouissaient
pas en réalité ; elle était alors fictice « *actio fictitia,
in jus concepta.* » Ces diverses personnes ont sur la
chose un véritable droit qui mérite d'être protégé ;
aussi les textes s'accordent à leur donner une action
utile : ainsi la loi 11, § 10, h. t., décide : « *An
fructuarius vel usuarius legis Aquiliæ actionem
haberet Julianus tractat, et ego puto melius
utile ex hâc causâ dandum.* » A l'égard du créancier gagiste une action utile peut aussi être accordée ; les textes apportent un certain tempérament :
il faut que le débiteur soit insolvable, ou que l'ins-
tance soit périmée, car ce n'est que dans ces deux
hypothèses que le créancier a un intérêt véritable à
agir « *ex lege Aquiliâ* » pour obtenir réparation
du préjudice subi par la détérioration de la chose
qui fait l'objet du gage. De plus, comme le délinquant ne saurait être tenu à la fois vis-à vis du
débiteur et du créancier gagiste, Paul indique
par quels procédés on peut agir. On peut, soit
donner pour le tout l'action au créancier, et si la
somme ainsi obtenue dépasse le montant de sa
créance, le débiteur recouvrera le surplus au moyen
de l'action « *pigneratitia,* » soit donner au créancier une action utile jusqu'à concurrence de ce qui

est dû au créancier, et une action directe au débiteur pour le surplus.

Nous avons vu, à propos du « *damnum corpore datum*, » que toutes les fois que le dommage n'avait pas eu lieu « *corpore*, » la victime du dommage ne pouvait intenter l'action directe de la loi Aquilia. Cette distinction qu'on faisait au point de vue de la responsabilité entre le fait d'avoir été la cause d'un dommage, et celui de l'avoir produit directement « *corpore*, » était absolument choquante; la victime d'un fait dommageable était souvent sans protection lorsque le *damnum* n'était pas causé directement par son auteur. La doctrine, entraînée par la logique des choses, fut la première à réagir contre l'application trop rigoureuse du principe qu'on avait dégagé de la loi. Nous avons vu qu'elle commença par étendre la portée des expressions dont cette même loi se servait : ainsi le mot « *occidere* » fut entendu aussi bien d'une personne qui en tue une autre avec une arme quelconque, que de celle qui la précipite du haut d'un pont et la fait mourir noyée. De même, le texte de Proculus que nous avons cité, où le chien, excité par son maître, mord quelqu'un. Le chien est alors considéré par le jurisconsulte comme une arme dont le maître se serait servi, et une action directe est donnée contre lui. Ces extensions graduellement apportées par la doctrine soulevèrent d'ailleurs des controverses, et c'est ainsi que s'expliquent les divergences qu'on trouve dans les textes ; ainsi, par exemple, dans le texte de Proculus, auquel nous venons de faire allusion, Julien n'accordait qu'une action « *in factum,* » si le chien n'avait pas été tenu en laisse.

La différence entre le fait de tuer quelqu'un directement, « *occidere,* » et être seulement la cause de sa mort, « *causam mortis præstare,* » s'effaça donc peu à peu sous l'influence de la doctrine. De même en ce qui concerne le troisième chapitre de la loi, nous avons vu que dès le principe les jurisconsultes donnèrent au mot « *rumpere* » le sens plus étendu de « *corrumpere,* » et donnèrent ainsi une action directe contre celui qui avait gâté du vin, par exemple.

De même par extension du mot « *rumpere :* » « *Et si mulum plus justo oneraverit, et aliquid membri ruperit, Aquiliæ locum fore.* » (Loi 27, § 23, h. t.) Ainsi le fait d'avoir trop chargé une mule et ainsi provoqué un accident fut considéré comme l'équivalent du mot « *rumpere.* »

Les progrès ainsi réalisés par la doctrine furent enfin consacrés et complétés par le préteur, qui donna une action utile toutes les fois qu'un dommage avait lieu sans être causé « *corpore.* »

S'il s'agit, au contraire, d'un dommage causé « *corpore sed non corpori,* » l'extension de la loi Aquilia devient plus délicate. Nous avons vu qu'elle implique avant tout l'idée d'un dommage matériel,

et si on avait pu très logiquement assimiler les cas
où un dommage avait été produit, sans s'attacher à
la question de savoir si ce dommage avait été causé
plus ou moins directement par le délinquant, il
devenait beaucoup plus difficile d'étendre les
expressions de la loi au cas où aucun dommage
matériel n'existait ; on se trouvait alors complètement en dehors des termes mêmes et en dehors
de l'esprit de la loi, d'où impossibilité d'en étendre
les dispositions. Si l'auteur du dommage avait agi
dolosivement, le préteur lui donnait l'action « *de
dolo,* » mais dans les cas où le dol n'existait pas, et
nous savons que l'exercice de l'action aquilienne
était indépendante de tout dol de la part du délinquant, le préteur fut obligé de donner une action
spéciale ; cette action n'était plus, comme l'action
utile, donnée « *ad exemplum legis Aquiliæ,* » mais
c'était une action « *in factum* » créée de toutes
pièces par le préteur pour protéger des intérêts que
le droit civil laissait sans défense.

Cette distinction entre l'action utile et l'action
« *in factum* » ressort nettement d'un passage des
Institutes, le paragraphe 16, où il est dit que dans
le cas où le dommage n'a pas été causé « *corpori,* »
où il n'y a eu lésion d'aucun objet corporel, ni
l'action directe ni l'action utile ne sont ouvertes,
mais qu'alors le délinquant peut être poursuivi au
moyen d'une action « *in factum.* » Cette opposition
faite entre ces deux actions a cependant été com-

battue, en dépit des termes très catégoriques dans lesquels le texte des Institutes est conçu ; on a prétendu que ces deux actions se confondaient en réalité et que cette distinction était due à une erreur de Justinien. Bien que certains textes paraissent les confondre, on doit s'en tenir néanmoins aux termes très formels du paragraphe 16. La distinction très nette que fait Justinien s'explique aisément d'ailleurs par la nature et l'origine de ces deux actions. Tandis que l'une, l'action utile, donnée « *ad exemplum legis Aquiliæ*, » doit, on le conçoit très bien, en posséder tous les caractères ; l'autre, l'action « *in factum*, » création originale du préteur, donnée pour protéger des intérêts étrangers et aux termes et à l'esprit de la loi, doit avoir sa nature propre ; le préteur protégera bien tel ou tel intérêt, il assurera à la victime d'un dommage la réparation du préjudice qu'elle a subi, mais il s'arrêtera là et n'ira pas, comme il s'agit d'une innovation radicale, jusqu'à attribuer à une action nouvelle qui a pour but essentiel d'indemniser une personne lésée, toutes les conséquences qui dérivent du caractère pénal de la loi Aquilia. Ce qui a pu contribuer à faire naître la confusion entre les deux actions, c'est que l'action utile de la loi Aquilia était rédigée « *in factum*, » et quand certains textes qualifient action « *in factum* » une action qui est évidemment l'action utile, il est vraisemblable qu'ils entendent désigner par là l'action « *utilis in factum*. »

Un grand intérêt s'attache à cette distinction :
une différence absolue sépare l'action *utilis* qui
frappe le *damnum corpori sed non corpore
datum* de l'action *in factum*, qui réprime le
*damnum non corpori sed corpore datum*. La
première, qui est donnée par extension de l'action
aquilienne, emprunte à celle-ci toutes ses règles :
elle pourra faire réaliser un bénéfice si la somme
obtenue, d'après le mode d'évaluation propre à
l'action *legis Aquiliæ*, dépasse le préjudice causé,
le « *quanti interest;* » elle pourra en outre faire
croître la condamnation au double en cas de dénégation du défendeur. Par l'action « *in factum*, » au
contraire, la condamnation qui frappera l'auteur du
dommage ne dépassera jamais le préjudice, et ne
croîtra pas au double en cas d' « *inficiatio* » de ce
dernier.

# DROIT FRANÇAIS

————

## DE L'INTENTION EN DROIT PÉNAL

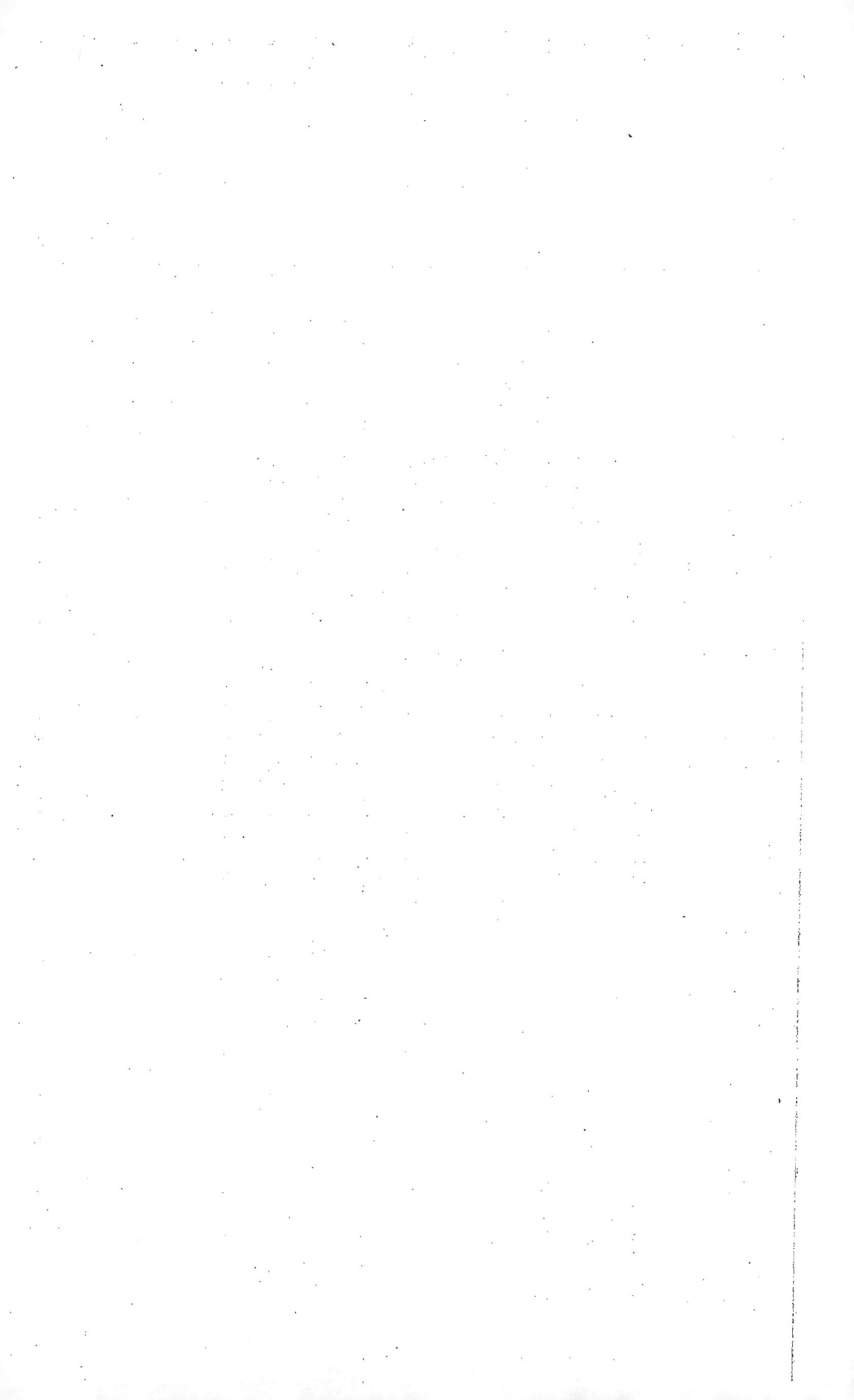

# DE L'INTENTION EN DROIT PÉNAL

## INTRODUCTION

La loi pénale, dans les règles qu'elle pose et l'application des peines qu'elle édicte, est dominée par ces deux principes : l'utilité d'une part et l'équité de l'autre. Si nous citons l'utilité tout d'abord, ce n'est pas que ce premier principe l'emporte ou doive l'emporter sur le second, c'est qu'il se présente au premier rang dans l'ordre naturel des choses. La loi, en cela différente de la morale, ne va pas fouiller au fond des consciences, analyser les sentiments, scruter les volontés, les désirs, apprécier les multiples manifestations de l'intelligence et de la volonté humaines; son champ est plus étroitement limité ; elle ne vise en général que les faits accomplis, et parmi ces faits, ceux-là seuls qu'une nécessité certaine et impérieuse de conservation sociale l'oblige à réprimer.

Le législateur, dont l'œuvre a un caractère essentiellement pratique, analyse donc les faits, et,

quand l'utilité sociale de leur répression lui paraît
certaine, il les frappe de peines variées dans la mesure que lui dictent cette utilité sociale d'abord et
l'équité ensuite. Ecarter la première de ces deux
considérations serait aller trop loin ; le législateur
s'érigerait alors en moraliste, en sortant du domaine
où il est par les meilleures raisons conduit à se
renfermer. Oublier la seconde ne serait pas seulement injuste et inique, mais ce serait refuser aux
sanctions pénales le prestige et la force morale dont
elles ont besoin, et qu'impriment si profondément
aux choses humaines en général le sentiment du
devoir moral et le respect de cette idée de justice
qui existent au fond du cœur de chaque homme.

Ainsi, en première ligne, les faits, l'intérêt social
qui s'attache à leur répression, constituent le premier problème qui se pose à la sagacité du législateur. Vient ensuite l'idée de justice et d'équité, sur
laquelle se mesurent l'étendue et les modalités des
peines par lesquelles il sanctionne ses ordres et ses
prohibitions.

Si l'on prend maintenant un fait en lui-même,
dégagé des circonstances qui le précèdent et
l'accompagnent, indépendant de sa cause première
ou de son origine, si l'on n'examine en un mot que
sa matérialité, il est hors de doute que quelque
graves que soient ses conséquences, quelque préjudice qu'il cause, le fait matériel n'a rien en général
de répréhensible au point de vue moral et pénal.

Ainsi la mort d'un individu, l'incendie d'une maison, la destruction d'un objet quelconque, peuvent être des faits normaux ou accidentels, en face desquels aucun besoin de répression ne se fait sentir ; par eux-mêmes, ils n'ont rien de contraire au droit, à la morale, et n'appellent pas l'idée de châtiment. Ils peuvent être dommageables ; on peut avoir un intérêt sérieux à les prévenir, à les réprimer ; mais c'est alors qu'intervient l'idée de justice, de par laquelle la loi ne peut et ne doit s'interposer que quand elle a devant elle une cause intelligente et libre, consciente des effets qu'elle crée, du mal qu'elle produit, des conséquences qu'elle entraîne.

Le mal au point de vue moral et pénal n'existe pas en tant que chose matérielle, effet produit ; il n'existe qu'en tant que mal voulu, ou bien en tant que mal causé par imprudence ou négligence, ce qui implique alors l'idée de faute ; c'est une idée abstraite qui ne réside que dans la personne de son auteur, indépendamment des faits qui la constituent. La matérialité des actes n'en est que la manifestation ; c'est l'analyse psychologique des sentiments et volontés de l'auteur de ces actes qui nous en donne le caractère.

La loi pénale ne frappe donc le plus souvent un fait que quand ce fait a été volontairement et librement accompli ; elle ne le met à la charge de quelqu'un que quand il a été voulu et exécuté par son auteur, ou bien quand il est dû à la négligence ou

5

à l'imprudence de ce dernier. Il faut que ce dernier en ait été en même temps la cause éclairée, c'est-à-dire qu'il ait été conscient de l'immoralité, de l'injustice ou de l'imprudence de l'acte qu'il commettait, ou bien qu'on puisse équitablement lui faire un reproche de l'oubli qui a été la source de l'infraction.

L'idée de répression est inséparable en effet de celle de faute; mais cette faute, ce manquement à un devoir, a des degrés bien divers; des circonstances multiples la modifient, la grandissent ou l'atténuent.

Un fait est dommageable, répréhensible; la loi pénale le vise, le réprime. Tel ou tel homme en a été volontairement, imprudemment ou par négligence la cause intelligente, éclairée; ce fait lui est alors imputable; mais avant que la loi le frappe, il faut qu'il y ait faute de sa part, que cette faute se mesure, que sa culpabilité s'apprécie. Le fait matériel s'efface alors complètement devant cette question de faute et de culpabilité qui se pose, problème aussi complexe que délicat, dont les multiples éléments ne sauraient être limitativement déterminés.

Dans l'ordre naturel, les faits se suivent, les causes et les effets s'enchaînent. L'effet principal n'est pas toujours l'effet immédiat de la cause première; l'effet prévu et réprimé par la loi pénale est plus ou moins direct. Souvent nous voulons la cause qui le produit sans vouloir cet effet même. En ce cas, si aucune espèce de faute, imprudence, négligence ou impéritie n'est à notre charge, il n'y a plus qu'un fait purement accidentel contre lequel la loi ne peut sévir.

Si l'effet se produit sans avoir été voulu, mais que nous ayons pu ou dû le prévoir, s'il y a par conséquent faute, impéritie ou négligence de notre part de ne pas l'avoir prévu et empêché, ce fait est alors à notre charge, et la loi peut nous en demander compte et nous frapper dans la mesure très variable d'ailleurs que détermine le degré de faute, impéritie ou négligence.

Qu'un fait avec ses conséquences soit au contraire voulu et cherché; que l'enchaînement de la cause et de l'effet soit un enchaînement volontaire de la part de son auteur même, l'infraction commise est alors intentionnelle; c'est en pareil cas qu'on relève la question d'intention, sujet de l'étude que nous nous proposons de développer.

Dans un premier chapitre, nous traiterons de l'intention en général au point de vue rationnel et du rôle joué par elle dans la préméditation et la tentative.

Dans les chapitres suivants, nous examinerons successivement l'influence que peuvent exercer sur la culpabilité le mobile du délit, l'ignorance de la loi et l'erreur, et enfin nous parlerons de la preuve même de l'intention.

Viendra ensuite un bref historique de la question, et, dans un dernier chapitre, nous nous étendrons sur l'intention suivant la législation positive.

# CHAPITRE PREMIER

## PRINCIPES GÉNÉRAUX

Il importe tout d'abord de définir le mot intention, de préciser le sens que nous lui donnons en droit pénal, de bien le distinguer de la volonté, avec laquelle il est souvent confondu par le Code pénal lui-même.

Ce mot est susceptible de sens différents : un fait est intentionnel, dira-t-on, pour indiquer que ce fait a été librement accompli, que l'auteur a agi dégagé de toute espèce de contrainte ou force majeure. L'expression est ici impropre ; on donne alors au mot intention le sens de volonté. Il faudra dire que l'acte a été libre et volontaire, ce qui est une condition essentielle, indispensable de l'imputabilité pénale ; nous verrons, au contraire, que l'intention proprement dite n'est pas nécessaire pour constituer l'imputabilité.

Faut-il entendre, par ce mot, l'intention délictueuse, c'est-à-dire la connaissance de la loi et l'intention de la violer ? Nous verrons plus tard qu'on ne pourrait exciper de l'ignorance de la loi pour établir l'inexistence de l'infraction.

L'intention, telle que la définissent les diction-naires, signifie dessein, vue, mouvement par lequel on tend à quelque chose, et en nous plaçant sur le terrain du droit pénal, nous dirons qu'il y a infraction intentionnelle, s'il y a volonté de faire un acte, volonté d'en obtenir les conséquences immédiates, le résultat délictueux ou préjudiciable. Ainsi deux termes dans la définition : d'abord volonté d'accomplir l'acte, ce qui constitue la volonté proprement dite ; c'est le libre exercice de nos facultés ; et, d'autre part, dessein d'en produire l'effet délictueux, ce qui est l'intention proprement dite.

L'idée de volonté se rattache à la cause, au fait matériel ; l'intention se rattache au but proposé, aux conséquences du fait accompli. Tandis que la volonté, exercice du libre arbitre, est une question générale qui peut embrasser toute une série de faits, qui peut se poser d'une façon abstraite, l'intention se rattache toujours à un acte quelconque ; c'est une question qui se pose spécialement à propos de chaque fait. Elle ne saurait se concevoir là où la volonté est absente ; la volonté au contraire, en tant que se rattachant au fait matériel dégagé de ses conséquences, peut très bien exister sans l'intention.

Parfois la volonté et l'intention peuvent se concevoir absolument indépendantes l'une de l'autre ;

aucun lien ne peut les unir. Un fait est volontairement accompli sans que l'auteur ait eu en vue le moins du monde les conséquences qu'il allait entraîner. On pourrait en multiplier les exemples : un chasseur tire une pièce de gibier et son plomb va blesser ou tuer un homme. Il est certain que le fait d'avoir tiré le coup de fusil est voulu et librement accompli; ce qui ne l'est pas, c'est la conséquence, c'est la blessure ou l'homicide qu'il a ainsi involontairement causés.

Un individu colore une pièce de billon pour lui donner l'apparence d'une pièce d'or ou d'argent. Il a eu la volonté de faire l'acte, c'est évident. La question de culpabilité est-elle par là résolue? Non, on demandera quelque chose de plus; on recherchera s'il a eu la volonté d'obtenir les conséquences illégitimes de l'acte qu'il faisait, s'il a eu la volonté de tromper sur la nature du métal, pour emprunter les termes de l'article 134.

Dans ces hypothèses, comme dans beaucoup d'autres, il importe de distinguer nettement le fait volontaire du fait intentionnel. Ce sont deux questions souvent distinctes. Il arrive parfois que l'acte matériel est volontairement accompli sans que dans l'effet produit il y ait intention.

D'autres fois on trouvera la volonté et l'intention si étroitement réunies, qu'elles se confondent complètement et qu'il serait impossible de les distinguer l'une de l'autre. Cela se rencontre dans la plupart des cas. Ainsi, on n'ira pas rechercher si un individu qui tire un coup de fusil à bout portant sur un autre, a eu l'intention de le blesser ou de le tuer, si une personne qui met le feu dans une partie d'un bâtiment a eu l'intention d'incendier la maison tout entière. Ici la volonté et l'intention se confondent; un lien si étroit les unit, l'effet et la cause s'enchaînent si irrésistiblement, que ces deux circonstances s'englobent l'une dans l'autre pour ne plus en former qu'une seule. C'est alors qu'on donne au mot volonté le sens d'intention, et que le Code, par exemple, définissant le meurtre, l'appellera : « l'homicide commis volontairement, » et poussant plus loin la confusion dans les cas mêmes où la volonté se distingue nettement de l'intention, le Code se servira encore de la première expression en lui donnant le sens de la seconde : par exemple, dans l'article 319, il qualifiera l'homicide par imprudence homicide involontaire.

De là vient cette expression : « délit involontaire, » qui, analysée strictement, est impropre. Pour qu'un fait soit imputable à l'agent, il faut qu'il soit l'effet de sa volonté, quoiqu'il n'ait pas voulu le résultat qu'il a produit. S'il a agi ou s'il est resté dans l'inaction sans volonté, tel que le fou ou l'enfant, lesquels n'ayant pas l'intelligence, ou n'ayant pas un degré d'intelligence suffisant, sont, par conséquent, sans volonté, il n'est coupable d'aucune faute. Sans doute, quand la loi qualifie tel délit, involontaire, elle vise l'effet et non la cause ; l'expression n'en est pas moins impropre, car, par exemple, quand on dit homicide involontaire, on comprend l'homicide par imprudence, qui est puni par la loi, et l'homicide simplement accidentel, qui n'est pas punissable. Dans son article 309, le Code établit d'ailleurs très nettement la distinction : « Si les coups portés, y est-il dit, ou les blessures faites volontairement, mais sans intention de donner la mort, l'ont pourtant occasionnée, le coupable sera puni des travaux forcés à temps. »

La volonté, dans le sens que nous lui donnons, c'est-à-dire la faculté de vouloir, est donc absolument indispensable pour constituer l'imputabilité. L'intention proprement dite, avons-nous dit, n'est pas absolument nécessaire pour l'établir. Cela s'explique et se justifie aisément, car s'il est vrai que, dans un délit d'action ou d'inaction où l'intention est absente, l'auteur n'a pas examiné et voulu les conséquences de l'acte qu'il commettait, ou de l'inaction dans laquelle il se renfermait, il est en faute, lui, être raisonnable, de ne pas avoir examiné et prévu leur résultat préjudiciable. Les facultés qui sont en lui, il devait en user, puisqu'il avait la possibilité de s'en servir.

Nous dirons donc que l'imputabilité peut exister sans que la question d'intention se pose, mais lorsqu'un fait sera mis à la charge de son auteur et qu'il s'agira d'appliquer la loi pénale, et par consé-

quent d'apprécier la culpabilité, l'intention pèsera
certainement d'un grand poids dans la mesure qui
sera faite. « C'est dans le calcul du mérite ou démé-
rite, par conséquent, en droit pénal, dans le calcul
de la culpabilité, ou, en d'autres termes, dans la
mesure de la faute, que figure avec importance la
question d'intention. La faute qui consiste à avoir
fait un mauvais usage de sa raison et de sa liberté
est bien plus grave que celle qui consiste à n'avoir
pas fait usage de sa raison, ce qui a lieu dans les cas
où il n'y a pas eu intention. Celle-ci peut même
tellement s'affaiblir suivant les circonstances qu'il
ne reste plus à la charge de l'agent qu'une obligation de réparer le préjudice causé. (ORTOLAN. *Elé-
ments de droit pénal*, t. I, page 112.)

## § 1er. — De l'infraction non intentionnelle.

De ce que l'intention joue un rôle considérable
dans la mesure de la culpabilité, il ne s'ensuit pas
que le délit ne puisse exister sans elle. Aussi ce n'est
que sous réserves qu'on doit accepter cet adage
qu'on répète volontiers : « Pas de délit sans intention, » adage qu'on formule encore ainsi : « C'est
l'intention qui fait le délit, » et aussi : « Le délit se
compose nécessairement du fait et de l'intention. »

Ces diverses formules sont beaucoup trop absolues. Si l'on veut dire par là que tout acte commis

sous l'empire d'une force majeure, ou par une personne qui n'est pas douée de raison, ne saurait constituer un délit, l'adage est exact, mais cela revient
à dire que la liberté d'action, la faculté de vouloir,
constituent un élément essentiel de l'imputabilité
pénale, ce qui est absolument incontestable et ne
souffre pas d'exception. L'expression intention s'emploie ici dans le sens de volonté, et l'acception strictement pénale que nous lui avons donnée est différente : c'est l'intention délictueuse, l'intention coupable, quant aux conséquences du fait incriminé.
Dans ce sens le brocard « Pas de délit sans intention »
va certes trop loin ; les termes en sont beaucoup
trop absolus, car, s'il est vrai que le délit ne peut résulter d'un fait purement matériel et est inséparable
de l'idée de faute, cette faute, terme générique, peut
très bien être une faute non intentionnelle. Trop
nombreux sont les cas où la loi punit la faute non
intentionnelle, pour que semblable maxime ne soit
pas critiquée dans sa forme radicale. Où est, en
effet, l'intention criminelle du gardien qui, par négligence, laisse échapper un détenu (a. 238), de celui
qui commet un homicide par imprudence, de celui
qui omet de faire la déclaration de naissance d'un
enfant prescrite par l'article 346, de celui qui pro-
cède à une inhumation sans autorisation (a. 358) ?
Dans le désir de concilier l'adage avec la loi pénale,
et de lui maintenir toute la rigueur d'un principe
absolu, peut-on dire que dans ces différents cas, la

volonté coupable existe ou du moins, jusqu'à preuve contraire, est présumée exister ? Elle consisterait alors dans la négligence du gardien, dans le fait imprudent qui a causé la mort, dans l'omission de la déclaration de naissance, dans la non-demande de l'autorisation d'inhumer. Cette explication est inacceptable. Ne voit-on pas que l'idée de négligence est absolument inconciliable avec celle de volonté coupable ? Cela est si vrai que l'article 238 les sépare nettement l'une de l'autre, en punissant la négligence d'un emprisonnement de six jours à deux mois, et la connivence, c'est-à-dire l'intention coupable, d'un emprisonnement de six mois à deux ans.

Si l'on entend par volonté coupable le fait imprudent qui a causé la mort, rappelons alors que les articles 319 et 320 déclarent catégoriquement que c'est l'homicide involontaire qu'ils entendent punir. On pourrait objecter qu'il s'agit de la volonté de commettre l'acte imprudent et non de celle de causer un homicide ; nous rentrons alors dans l'élément volontaire essentiel pour l'imputabilité pénale, et d'ailleurs n'oublions pas que l'article 319 ne réprime pas seulement l'homicide commis par un fait actif d'imprudence ou de maladresse, mais encore la négligence par omission, qui est alors un fait où la volonté est absente. Imprudence, négligence, omission, toutes ces circonstances n'excluent-elles pas absolument l'idée de volonté coupable ?

En pratique l'adage « Pas de délit sans intention »

doit donc être résolument écarté. « Qu'est-ce donc que cette révérendissime sentence des légistes, que tout délit se compose nécessairement du fait et de l'intention ? Un piège la plupart du temps. Défiez-vous de beaucoup de brocards du palais. » (Gilardin cité par Bertauld.)

Le délit peut donc exister dépourvu de tout élément intentionnel. Dans beaucoup de cas, l'intention n'étant pas relevée, le fait ne comportera qu'une culpabilité si faible, que la loi n'interviendra pas, le fait ne donnant lieu alors qu'à la responsabilité civile. Dans d'autres cas, l'intérêt social et l'utilité publique commanderont la répression de certains actes dont les conséquences n'auront pas cependant été voulues. La faute non intentionnelle sera d'ailleurs moins grave que la faute volontaire et sera frappée par le Code pénal de peines d'un ordre moins élevé. La culpabilité qui s'attache à ces actes découle de cette considération que l'homme, être libre, intelligent et raisonnable, doit faire usage des facultés dont il est doué, non pas seulement par rapport aux actes qu'il exécute, mais aussi par rapport à ceux que certaines raisons lui commandent d'accomplir, actes dont par conséquent il est en faute de s'abstenir. « Il faut, pour que la faute non intentionnelle soit érigée en semblable délit, que la nature des faits et des situations nous fasse une obligation envers autrui d'examiner, de prévoir, de prendre des précautions, de songer à agir ou à ne

pas agir, de nous être pourvus des connaissances
ou de l'habileté nécessaires, et qu'un certain intérêt
public, suffisant pour motiver l'emploi d'une peine,
y soit engagé. (ORTOLAN. *Droit pénal*, t. I, p. 159.)

Nous ne saurions mieux faire que d'emprunter
au même ouvrage le classement si précis et si méthodique des cas où le législateur peut et doit réprimer la faute non intentionnelle : « Si nous cher-
chons à fixer rationnellement quelques données sur
les cas dans lesquels les actions ou les inactions de
l'homme, quoique commises sans faute intentionnelle, peuvent être érigées en délit de droit pénal,
nous verrons que ces divers cas, dont le nombre
est considérable, lorsqu'on entre dans le détail de
chaque fait, peuvent se grouper sous certaines idées
générales qui les dominent. Ainsi on conçoit :
1° Que les fonctionnaires, les préposés, les citoyens
eux-mêmes, lorsqu'ils sont appelés à remplir certains services publics, à faire certains actes, certaines
déclarations auxquelles se rattache un intérêt général, comme d'apporter leur témoignage en justice, de déclarer une naissance, aient, relativement
à ces fonctions, à ces services ou à ces actes, une
obligation plus rigoureuse et puissent être punis
pour les manquements, même non intentionnels,
aux devoirs qui leur sont imposés à ce sujet.
(Art. 119, fonctionnaires publics chargés de constater les détentions illégales et arbitraires; art. 155,
officiers publics chargés de la délivrance des passe-

ports; art. 192, 193, 194, officiers de l'état civil; 196, tout fonctionnaire entré en exercice de ses fonctions sans avoir prêté le serment voulu; 199, ministres d'un culte, etc....) 2° Par une raison semblable, on conçoit que certaines professions qui exigent des garanties, des connaissances ou une habileté spéciales, des précautions à prendre, parce que, dans l'exercice qui en est fait des intérêts majeurs peuvent se trouver compromis, soient assujetties à des règlements ayant pour but de sauvegarder ces intérêts, et que les manquements, même non intentionnels, aux prescriptions de ces règlements soient punissables par la loi (de nombreuses lois spéciales réglementent ces professions); 3° à part ces devoirs de fonctions, de service public ou de profession, même dans la vie privée, lorsque nous exerçons notre activité, il est des préjudices, l'homicide, par exemple, les blessures dont les suites ne peuvent être d'avance mesurées, l'incendie ou les accidents sur les chemins de fer, qui peuvent avoir des conséquences incalculables, ou autres événements d'une nature tellement grave que nous ne saurions trop user de précautions, de prudence, de prévision, pour éviter de les occasionner, et que, si ces malheurs ont lieu par notre faute, quoique sans mauvaise intention de notre part, quelque désolés que nous puissions en être, nous serons punissables pour y avoir donné lieu (a. 319, homicide; 330, blessures; 458, incendie; 459 à 462,

maladies contagieuses d'animaux ou de bestiaux ;
art. 19, 20 et 21 de la loi spéciale du 15 juillet 1845,
accidents sur les chemins de fer, etc.) ; 4° enfin,
un intérêt général ou municipal de perception des
impôts, de tranquillité, de salubrité, d'ordre et de
libre circulation, de conservation des monuments
et des voies publiques, des forêts, des eaux, du
poisson et du gibier, et tant d'autres semblables
spécialités, peuvent nécessiter des règlements en
fort grand nombre, qui imposent à notre activité
des obligations ou des restrictions dont la violation,
même non intentionnelle, sera punissable (a. 259,
port public illégal de costume, uniforme ou décoration ; 271, vagabondage ; 274, mendicité ; 291 à
294, association de plus de vingt personnes ; 358,
inhumation sans autorisation préalable ; 291 à 294,
association de plus de vingt personnes ; 456, conservation des fossés, clôtures, haies, bornes ou pieds
corniers, et enfin, toutes les lois spéciales sur les
forêts, la pêche, la chasse, les chemins de fer, les
douanes, etc.) (ORTOLAN. *Droit pénal*, t. I, p. 160,
161, 172 et 173, notes.) »

## § 2. — De l'intention simple.

La résolution criminelle qui ne se manifeste par
aucun acte extérieur échappe à l'action de la justice
humaine, car la loi pénale ne saurait à bon droit

sévir contre la simple pensée de commettre une infraction. La loi empiéterait ainsi sur le domaine de la morale, qui voit surtout dans les actes les motifs qui les déterminent, et juge le but qu'on se propose, fût-il ou non réalisé. L'utilité publique, qui est la base de toute répression, limite l'action de la loi aux actes extérieurs qui seuls peuvent troubler ou compromettre l'ordre social. La pensée criminelle, si abominable qu'elle soit, ne saurait être punie par la loi; elle ne relève que de Dieu et de la conscience. Des motifs d'ordres divers peuvent être invoqués à l'appui de ce principe. Tout d'abord l'on s'aperçoit bien vite que la liberté de conscience serait violée, si nos pensées les plus intimes étaient soumises au contrôle de la loi. Comment d'ailleurs les reconnaître? Ce serait le plus souvent parfaitement impossible de les constater; mais la résolution criminelle, fût-elle même établie, soit par des papiers, des écrits, des lettres, soit même par des aveux, doit encore échapper à l'action de la loi. Il n'y a, avons-nous déjà dit, aucune utilité sociale qui puisse motiver une répression, aucun mal n'ayant eu lieu, aucune conséquence préjudiciable n'ayant été réalisée, et, dernière raison, il n'est pas possible d'oublier qu'entre la pensée de commettre un acte délictueux ou criminel, et l'accomplissement de cette résolution, il y a un abîme qu'on se résout toujours difficilement à franchir, et qui, on doit le supposer, ne serait

sans doute pas franchi. « Les lois de la morale, dit
M. Glasson, sont donc celles qui régissent notre
liberté intérieure, notre liberté de conscience; le
droit ne concerne que les actes extérieurs. Celui
qui médite un crime viole la loi morale, mais il ne
porte aucune atteinte au droit, et la société ne saurait agir contre lui tant qu'il n'a pas réalisé son
projet, en totalité ou en partie, par des actes extérieurs. La morale ne considère dans les actes que
les motifs internes; le droit s'occupe des effets
externes de ces actes. L'une régit nos pensées,
notre conscience; l'autre régit nos actes dans la vie
sociale. »

Ce que la loi doit punir, c'est l'intention prési-
dant à l'accomplissement d'un fait, en appréciant
les conséquences; persistant jusqu'à son entière
exécution, et ceci nous amène à examiner une
modalité de l'intention, un certain caractère qu'elle
peut revêtir et devant lequel on peut se demander
quel doit être le rôle du législateur et du juge.

### § 3. — De l'intention délictueuse consécutive d'un fait.

Je suppose l'intention délictueuse ne naissant
que postérieurement au fait à l'occasion duquel
elle est née. Cette hypothèse se réalise dans le cas
où une personne s'approprie un objet qu'elle a cru

d'abord lui appartenir, ou bien, quand, ayant ramassé
sans intention coupable une chose perdue, elle nie
l'avoir trouvée, si elle est interrogée à ce sujet. L'intention délictueuse n'est survenue qu'après le moment où la personne s'est emparée de l'objet en
question. Comment le fait doit-il s'apprécier? Est-ce
un vol et doit-il être puni comme tel? Il est certain
que, moralement parlant, le fait est répréhensible,
mais la loi pénale doit-elle sévir? Nous avons dit
qu'elle punit la violation d'un droit ou d'un devoir
qu'il est d'un intérêt social de réprimer. Elle le fait,
non pas seulement dans un but de moralité et de justice, mais dans un but d'utilité sociale, c'est-à-dire
pour prévenir le retour de semblable fait. La peine
a donc le caractère d'un avertissement, d'une me-
nace; on ne punit pas seulement parce qu'il est
juste de punir; on punit aussi pour prévenir, pour
empêcher. Dans le cas qui nous occupe, l'intention
délictueuse étant postérieure au fait auquel elle se
rattache, n'est-il pas permis de supposer que si
son auteur avait, dès le principe, été fixé sur le
caractère de l'acte qu'il accomplissait, ne peut-
on pas supposer qu'il aurait reculé devant ses
conséquences? La chose est, en tout cas, possible,
vraisemblable, sinon probable. Si cela est, l'intérêt
qui s'attache à la répression disparaît. Il ne s'agit
plus ici de réprimer une tendance fâcheuse, un
mauvais instinct qui s'est donné libre cours, une
violation consciente de la loi au moment de son

accomplissement même. Nous sommes en présence
d'un fait que son auteur n'eût sans doute pas
accompli s'il eût été d'avance éclairé sur sa nature
et qu'il ne sera probablement plus tenté de commettre. C'est donc une infraction dont il est inutile,
dans la plupart des cas, de prévenir le retour; il
n'est souvent d'aucune nécessité que la loi pénale
sévisse, l'intérêt social de la répression s'évanouis-
sant généralement. Y eût-il doute d'ailleurs sur la
nécessité d'une leçon, d'un avertissement résultant
de l'application de la peine, ce doute, en tout cas,
doit s'interpréter en faveur de l'auteur de l'infraction. Nous conclurons donc en disant que toutes
les fois que l'intention délictueuse est consécutive
du fait à l'occasion duquel on l'examine, elle doit
être écartée et considérée comme inexistante, et
cela parce que, au moins dans la plupart des cas,
l'intérêt qui s'attache à la répression disparaît,
intérêt qui est le fondement et la justification de
l'application de la peine.

### § 4. — De la préméditation.

L'intention délictueuse peut être réfléchie ou
irréfléchie; la résolution de commettre des actes
prévus et réprimés par la loi pénale peut être formée, conçue avec réflexion, ou dans un premier
mouvement, sous l'influence d'une passion quel-

conque. Il est clair que, dans l'un et l'autre cas, la résolution criminelle étant constante, l'infraction l'est aussi, mais la culpabilité est très différente. Dans tous les cas, un dessein criminel réfléchi, médité, mûri, se réalisant après un laps de temps durant lequel l'auteur de l'infraction a pu mesurer toutes les conséquences du manquement à la loi pénale qu'il allait commettre, atteste une perversité plus grande, et par suite un degré de culpabilité plus prononcé. L'infraction commise, au contraire, dans un mouvement d'emportement ou de colère, née d'un désir subit, inspirée par un sentiment brusque, inattendu, l'infraction irréfléchie, non préméditée en un mot, est à coup sûr moins grave, et dans ce cas, la culpabilité de l'agent s'affaiblit dans une mesure très sensible.

Le Code ne pose pas de principe en la matière ; s'il s'occupe de la préméditation, ce n'est que comme circonstance aggravante, et seulement pour trois cas particuliers, à propos du meurtre (a. 296), des coups et blessures (a. 310) et des violences exercées contre les fonctionnaires (a. 232). Remarquons en passant qu'en matière de meurtre la préméditation n'exerce pas d'influence spéciale, s'il s'agit de parricide, d'infanticide et d'empoisonnement (art. 299, 300, 301). Pour toutes les autres infractions le juge apprécie.

Dans sa définition (a. 297) d'ailleurs critiquable et inutile, le mot préméditation, « *méditer avant,* »

étant par lui-même fort explicite, le Code considère
comme prémédité tout dessein formé avant l'action
de faire, etc.; il eût mieux fait, peut-être, de
s'abstenir, car c'est dire trop ou pas assez que de
définir la préméditation de la sorte. Il est certain,
en effet, que presque toujours le dessein précède
l'action, ne fût-ce que d'un très faible intervalle de
temps. Quant à fixer la durée de cet intervalle, il
n'y faut point songer; c'est un problème qui se pose
à la sagacité du juge. Le mot préméditer, « *méditer
avant,* » est à lui seul très significatif et indique
clairement la pensée du législateur.

Quoi qu'il en soit, en dehors de ces trois cas visés
par le Code pénal, la loi gardant le silence, il appartiendra au juge de mesurer dans les limites, très
larges d'ailleurs, que lui laissent le maximum et le
minimum, le degré de culpabilité, selon que l'infraction criminelle aura été plus ou moins réfléchie
ou irréfléchie. En se taisant sur la préméditation en
dehors de ces trois cas, le législateur a d'ailleurs
sagement évité le travers où tombaient les anciens
auteurs qui voulaient à tout prix poser des règles
fixant le degré de culpabilité. Pourquoi, dans une
matière aussi délicate et aussi complexe, vouloir
tenter l'impossible et ne pas laisser au juge la latitude dont il a besoin?

La préméditation jouera un rôle capital dans la
mesure de la culpabilité; c'est le délit qu'on envisage sous son côté purement moral, abstraction faite

de ses éléments matériels; c'est l'intention seule
qui est considérée eu égard au temps plus ou moins
long qui a séparé le dessein formé et le fait accompli. Mais, dira-t-on, en ce qui concerne le délit, le
résultat est le même, les conséquences sont identiques. Que ce délit soit ou non prémédité, égal est
le trouble qu'il jette dans la vie sociale. En frappant
plus sévèrement l'infraction préméditée, le législateur s'écarte donc de la route utilitaire, et fait un
pas dans le domaine de la justice absolue. Erreur,
répondrons-nous, dans nombre de cas tout au
moins, car pour ne prendre qu'un exemple, jamais
le meurtre et l'assassinat, au point de vue du trouble
social seul, ne sauraient être confondus. Les esprits
sont, à coup sûr, plus vivement frappés par le spec-
tacle de crimes commis de sang-froid, de propos
délibéré, que par celui d'un meurtre qu'un mouvement subit de colère a fait accomplir. N'oublions
pas d'ailleurs que la loi frappe, et l'intention, côté
moral du délit, et le délit matériel lui-même, que
si étroit que soit le lien qui doive unir ces deux
éléments au point de vue pénal, de même que
le délit plus grave dans ses conséquences mérite
une répression plus sévère, de même l'intention
plus prononcée, et partant plus grave en raison de
sa durée même, appelle aussi dans le châtiment de
l'infraction une pénalité plus élevée.

## § 5. — De la tentative.

Sans vouloir nous étendre sur la tentative, il importe de fixer le lien très étroit qui l'unit à l'intention, de déterminer la corrélation par laquelle elles s'enchaînent l'une à l'autre.

La tentative réside dans un acte ou une série d'actes qui tendaient vers un but déterminé, par lesquels leur auteur poursuivait la réalisation d'un désir, la production d'un résultat quelconque, sans que ce but ait été atteint, sans que ce désir ait été satisfait, sans que ce résultat ait été obtenu. Ce qui caractérise avant tout la tentative, c'est l'intention qui l'a fait naître, c'est la résolution criminelle qui l'a provoquée. Son auteur s'est proposé telle ou telle chose, a conçu tel ou tel dessein ; des actes s'en sont suivis, et ces actes, qui n'étaient que la manifestation matérielle de l'intention coupable, n'ont pas produit le résultat qu'on visait ; aucun mal n'a été fait, aucun résultat préjudiciable n'a été réalisé. Il est clair qu'en pareille hypothèse, la répression ne pourra se fonder que sur l'intention délictueuse, qui est, non pas seulement le trait caractéristique de la tentative, mais, bien plus, son élément nécessaire, indispensable.

Les problèmes qui se posent au sujet de la tentative, actes préparatoires, actes d'exécution,

limites qui les séparent, tentative suspendue, ache-
vée, etc., tout cela suppose, avant tout, une intention bien arrêtée de délinquer, une résolution
criminelle certaine. L'intention est la base de la tentative, et on ne saurait supposer une tentative là
où l'intention n'existe pas, comme, par exemple,
une tentative d'homicide involontaire. De même que
dans les délits non intentionnels, la répression se
fonde sur la gravité du résultat matériel, et l'emporte
sur l'absence où la faiblesse de l'élément moral du
délit, de même dans la tentative, la gravité du but
poursuivi, l'immoralité de l'intention, font fléchir les
raisons qui militent en faveur de l'impunité, raisons
qui découlent de l'absence de l'élément matériel du
délit. Pour asseoir une accusation de tentative, il
faut donc une résolution criminelle certaine, c'est-
à-dire une résolution criminelle déterminée. Cette
certitude ressortira des actes qui constituent la tentative, des circonstances diverses qui l'accompagnent,
ou encore des aveux de l'accusé lui-même. Cette certitude fait-elle au contraire défaut, est-il impossible
de déterminer le but poursuivi par les actes incriminés, bien que l'intention coupable soit évidente, on ne
peut alors attribuer aux actes le caractère de tentative.
Il est certain qu'il y a tentative; mais tentative de
quoi? c'est ce qu'il importe de fixer pour faire application de la loi pénale, et si les faits ne constituent
pas à eux seuls un crime ou un délit complets pouvant motiver une condamnation, la question de ten-

tative doit être écartée, et l'impunité s'ensuivre.
De même, s'il s'agit d'un crime impossible, ce crime
n'admet pas de commencement d'exécution, et par
suite de tentative. On ne peut commencer que ce
qui est possible ; on ne peut faire en partie ce qui
est impossible de tous points. Si l'intention coupable est évidente, elle ne peut suffire pour entraîner une répression, car la loi, en raison de son caractère d'utilité spéciale, ne peut et ne doit punir
que les actes qui peuvent entraîner un préjudice.
Ajoutons d'ailleurs qu'il faut une impossibilité radicale, absolue, pour exclure l'idée de tentative.

Ce n'est donc pas seulement une simple intention
coupable qui constitue la tentative, mais une intention se rattachant à un but bien fixe, bien déterminé, et aussi à un but qu'il n'est pas radicalement
impossible d'obtenir. On voit par là le rôle capital
joué par l'intention dans la question de tentative.
C'est elle qui en est l'essence même, et si, d'un côté
elle la crée, de l'autre elle peut la faire disparaître.
C'est ainsi que la loi, après avoir déclaré punissable
la tentative, en limite le châtiment au cas où elle
n'est suspendue ou n'a manqué son effet que par
suite de circonstances indépendantes de la volonté de
son auteur. Le délit moral en quelque sorte qui, en
matière de tentative, résulte de l'intention peut être
détruit, effacé par une intention contraire. Que l'auteur s'arrête dans l'exécution du dessein qu'il a
formé, qu'il abdique volontairement son intention

délictueuse, la loi, sans en rechercher les motifs,
lui assure l'impunité.

Maintenant que nous avons fixé le caractère
essentiel de la tentative, sans entrer dans une
analyse complète des faces diverses sous lesquelles
elle peut se présenter, il convient d'examiner quel
est le degré de répression qui rationnellement peut
être établi par la loi pénale. Nous avons dit qu'en
matière de tentative la loi punissait surtout et avant
tout l'intention. La culpabilité morale, en pareil
cas, est alors incontestable, mais doit-elle être
frappée, comme elle l'est dans la loi positive, aussi
sévèrement que dans le crime consommé?

Les motifs d'utilité sociale sur lesquels se mesure
la répression sont ici singulièrement atténués; il
est certain que les actes constitutifs de la tentative,
actes matériels, ont pu causer un certain trouble
social en raison des craintes qu'ils ont fait naître ou
qu'ils peuvent inspirer pour l'avenir; mais la différence qui sépare la crainte du mal et le mal lui-
même aurait dû inspirer au législateur une graduation dans l'échelle des peines, et prévenir l'assimilation qu'il établit entre la tentative de crime et le
crime consommé lui-même. Cette rigueur est
encore moins justifiable pour le cas où des circonstances indépendantes de la volonté de l'auteur
l'arrêtent dans la tentative; là un sentiment impérieux de justice devait pousser le législateur à faire
bénéficier l'auteur de la tentative du doute qui

existe sur la question de savoir s'il serait allé
jusqu'au bout. La fiction qui suppose réalisés les
résultats qu'on a tenté en vain d'obtenir, rentre
plutôt dans le domaine de la morale pure. Si l'on
devait s'inspirer d'elle, quel contraste choquant
n'existerait pas entre le crime simplement tenté
qu'on punit comme le crime lui-même, et les actes
préparatoires du crime, que couvre l'impunité, et
les crimes impossibles qui jouissent du même privi-
lège. Punir celui qui a voulu le mal comme celui
qui l'a causé, c'est assurément oublier la mesure.

# CHAPITRE II

## DU MOBILE DE L'INFRACTION

On voit clairement, par les développements qui précèdent, le rôle considérable que l'intention criminelle jouera dans l'appréciation du délit considéré au point de vue de la répression pénale. Le délit dont elle constitue l'élément moral le plus important n'aura le plus souvent d'existence qu'ensuite de sa constatation; le plus souvent, disons-nous, car il se rencontrera parfois indépendamment de toute intention, mais cela, hâtons-nous d'ajouter, à titre exceptionnel dans les cas et hypothèses que nous avons précédemment indiqués. Mais la culpabilité d'ordinaire repose, avant tout, sur l'intention; c'est cette dernière qui en détermine les degrés divers. L'analyse psychologique en donnera le véritable caractère; il y aura souvent une série de nuances multiples et délicates que le juge devra examiner, nuances tirées des faits, de l'état d'esprit de l'inculpé, d'une foule de circonstances en un mot, qui font que l'intention certaine, selon les conditions

dont la diversité est infinie dans lesquelles elle est
née, créera une culpabilité extrêmement variable
d'après ces conditions mêmes. Le fait matériel sera
constant, l'intention indiscutable, le juge appréciera
alors ces multiples éléments afin de se mouvoir, en
parfaite connaissance de cause, dans les limites très
larges que lui laissent le maximum et le minimum
auxquels s'ajoute l'admission facultative des circonstances atténuantes. On conçoit aisément, par
exemple, qu'un fait intentionnel conçu soudaine-
ment et exécuté aussitôt sous l'empire d'une passion violente, d'un sentiment difficile à maîtriser,
s'appréciera avec infiniment moins de sévérité que
tel fait du même genre, froidement conçu et exécuté
à plus ou moins longue échéance. De même s'il
s'agit d'une intention délictueuse, occasionnelle,
accidentelle en quelque sorte, qu'on frappera d'une
peine légère, tandis qu'on traitera avec rigueur
l'intention délictueuse habituelle se manifestant à
plusieurs reprises par des actes réprimés par la loi
pénale.

Parmi toutes les circonstances qui peuvent
exercer une influence sur la culpabilité, il en est
une que nous devons particulièrement examiner,
car, toujours à considérer quand il s'agit de mesurer le degré de gravité de l'infraction, il arrivera
même, dans certains cas, qu'elle sera nécessaire
pour constituer la culpabilité; cette circonstance,
c'est le mobile du délit, c'est-à-dire les motifs qui

guident l'auteur dans l'accomplissement de l'acte incriminé. Nous verrons successivement l'intention finale en général, puis l'intention de nuire et enfin la bonne intention, à côté de laquelle nous rangerons la bonne foi.

## § 1er. — De l'intention finale.

L'intention finale, qui peut guider l'auteur de l'infraction, est une intention qui se réfère, non pas aux conséquences immédiates, fatales, de l'acte incriminé, mais souvent à des conséquences parfois fort éloignées, en quelque sorte accessoires de ce même acte; cette intention finale, disons-nous, n'efface en rien l'intention délictueuse. On le voit, ce mot intention en matière pénale employé isolément, est singulièrement complexe. Nous l'avons défini dessein, tendance vers un but; mais des desseins variés, des tendances multiples peuvent concorder; telle intention se greffera en quelque sorte sur telle autre et formera avec elle une union indissoluble. Les faits ont, non pas une conséquence unique, absolue, mais une série de conséquences qui s'enchaînent. L'intention délictueuse se réfère uniquement aux conséquences immédiates, illégitimes, de l'acte incriminé; mais l'examen de cet acte au point de vue psychologique et moral, son analyse au point de vue de la répression pénale pour l'appréciation du degré de culpabilité, nous obligent de sortir de cet étroit domaine; nous devons grouper autour de l'intention délictueuse tous les éléments psychologiques qui s'y rattachent et rechercher quel degré d'influence ils peuvent exercer sur elle.

La loi ne s'occupe que très exceptionnellement des motifs qui guident quelqu'un dans l'accomplissement d'un crime et d'un délit. Elle le fait, par exemple, dans l'article 160 du Code pénal: « Tout médecin, chirurgien ou autre officier de santé qui, pour favoriser quelqu'un, certifiera faussement des maladies ou infirmités propres à dispenser d'un service public, sera puni d'un emprisonnement d'une année au moins et de trois ans au plus; » et dans l'article 304, § 2: « Le meurtre emportera également la peine de mort, lorsqu'il aura eu pour objet, soit de préparer, faciliter ou exécuter un délit, soit de favoriser la fuite ou d'assurer l'impunité des auteurs ou complices de ce délit. »

Dans ces deux articles, la loi relève l'intention finale. Dans le premier cas, la déclaration fausse doit, pour que le fait soit imputable, avoir été provoquée par le désir de favoriser quelqu'un; dans le second, il faut que le meurtrier, en accomplissant son crime, ait eu en vue un autre délit, pour qu'il soit passible de la peine de mort. L'intention finale relevée par le Code est alors un élément constitutif du délit dans le premier cas ; dans le second, elle change seulement le caractère du crime qui pourrait exister sans elle, mais ne serait plus punissable que d'une peine d'un rang moins élevé.

L'intention délictueuse n'est le plus souvent qu'un moyen ; c'est l'intention finale qui est la cause véritable de l'infraction, l'origine unique du délit accompli ; en d'autres termes, on n'exécute pas l'acte pour l'acte lui-même, mais en vue des avantages, des satisfactions directes ou indirectes qu'il procure, et si l'on veut des exemples, nous dirons : le voleur soustrait un objet non pas seulement pour le soustraire, mais pour s'assurer le bénéfice de sa possession ou l'assurer à d'autres ; l'assassin tue pour voler, pour se venger, pour prévenir la dénonciation d'un autre crime, etc. Ainsi donc, à côté de l'intention délictueuse se rattachant au fait incriminé lui-même, viennent se ranger une ou plusieurs intentions corrélatives qui toutes exercent leur influence dans l'appréciation de la culpabilité.

### § 2. — De l'intention de nuire.

L'intention délictueuse, avons-nous dit antérieurement, les faits, les actes qu'elle provoque ne sont punis qu'en raison du préjudice soit matériel, soit moral qu'ils entraînent ; mais la volonté, l'intention de causer ce préjudice est-elle nécessaire pour constituer l'infraction ? Devra-t-on distinguer l'intention délictueuse proprement dite et l'intention de nuire, ou faut-il les confondre ? En d'autres termes, un délit étant commis avec ses conséquences préjudiciables, faut-il que ces conséquences préjudiciables soient voulues, qu'il y ait intention de nuire à celui ou ceux qui en supportent le préjudice ? Un vol est commis, par exemple : le voleur avait bien évidemment l'intention de s'emparer des objets volés, sans quoi le délit de vol n'existerait pas ; mais la victime du vol supporte une perte qui se chiffre par la valeur des objets volés. Cette perte, ce préjudice qu'on tend à prévenir en punissant le vol, faut-il que le voleur ait eu la volonté de les produire pour être punissable ? Dans ce cas comme dans la majorité des autres, il est hors de doute que l'intention de nuire n'est pas nécessaire pour établir la culpabilité. Que le voleur ait eu ou non l'intention de causer un préjudice au propriétaire de l'objet volé, peu importe ; l'intention de s'approprier frauduleusement ce qui est la propriété d'autrui suffit pour faire de lui un voleur passible des peines qui répriment le vol. L'intention de nuire est ici, comme souvent, infiniment secondaire ; on n'a que très rarement à la rechercher. Il est certain d'ailleurs que si, à l'intention de prendre ce qui est à autrui, vient se joindre l'intention coupable de nuire à celui qu'on dépouille, le degré de culpabilité n'en est que plus élevé, mais cette inten-

tion de nuire n'est pas le moins du monde nécessaire pour établir cette même culpabilité. On ne
doit donc pas la confondre avec l'intention délictueuse proprement dite, qu'on pourrait appeler
intention immédiate, c'est-à-dire se référant aux
conséquences immédiates de l'acte commis. Il
suffit que la loi pénale le prévoie et le réprime pour
que le fait soit un délit, sans qu'à cette considération vienne se joindre la question de savoir s'il a
voulu nuire à autrui. Cette confusion, que nous
signalons, se produisait parfois, sous l'empire de
la législation intermédiaire, lorsqu'on posait au
jury les questions sur l'intention; alors il arrivait
que l'intention de nuire était prise par le jury pour
l'intention délictueuse, de sorte que, contre toute
attente, le crime restait impuni, le jury ayant donné
à une circonstance accessoire le caractère et la
portée d'un élément essentiel du crime qui lui était
soumis. Ainsi Faure raconte, dans l'exposé des
motifs, que dans une association de fabrication de
fausse monnaie, le jury déclara que le fait était
constant, que l'accusé en était convaincu, qu'il
avait agi sciemment, mais qu'il n'avait pas agi dans
l'intention de nuire à autrui. Le coupable fut mis
en liberté; le jury ne fut pas très intelligent, mais
la question était mal posée. Le faussaire, le voleur
surtout, n'ont pas tant l'intention de nuire à autrui
que de réaliser pour eux un profit illégitime, et dans
le cas qui était soumis au jury, on avait confondu

à tort l'intention de nuire avec l'intention coupable.

On peut citer d'ailleurs un assez grand nombre de cas où l'intention de nuire à autrui fait absolument défaut; par exemple, quelqu'un commet un faux dans un passeport et en fait usage; on ne nuit ainsi à personne, mais on a voulu se soustraire à la surveillance de la police. De même si on a voulu échapper à une obligation imposée par la loi, par exemple au service militaire, cette faute n'entraîne aucun préjudice individuel, elle n'est évidemment pas dictée par l'intention de nuire; l'intention délictueuse n'en existe pas moins; la matérialité du fait et sa moralité suffisent pour l'établir. On pourrait encore citer comme exemple le port illégal de décoration.

L'intention de nuire, quoique secondaire dans nombre de cas, sera, au contraire, l'élément capital de certains délits, la diffamation par exemple. Si les propos diffamatoires ont été tenus sans qu'aucune intention de nuire puisse être reprochée à leur auteur, ils perdent alors leur caractère diffamatoire. N'oublions pas d'ailleurs, dans l'exemple que nous venons de citer, de poser ces deux réserves essentielles : c'est que le plus souvent les termes dont se sera servi l'inculpé de diffamation, les propos tenus par lui emporteront présomption de l'intention de nuire, présomption qui devra être détruite par la preuve contraire; et seconde réserve, cette intention de nuire étant même écartée, c'est-à-dire le délit disparaissant, une action civile en dommages et intérêts restera toujours ouverte à celui contre lequel des propos préjudiciables auront été tenus.

A ce sujet il est intéressant de rappeler une décision récente de la Cour de Paris du 5 mai 1885 (Sirey, 1885, II° partie, p. 121), dans un cas où l'intention de nuire paraissait devoir être établie pour constituer le délit. Il s'agissait de la violation du secret professionnel. La cour décida que la disposition de l'article 378 du Code pénal, qui interdit à toutes personnes dépositaires par état ou profession des secrets qu'on leur confie, de révéler ces secrets, est absolue et d'ordre public. La loi, selon la Cour, n'exige pas, pour que la peine soit applicable, une intention spéciale de nuire à la personne dont le secret est divulgué. Dans l'esprit de la Cour, la loi, en défendant la révélation du secret professionnel, ne s'inspire pas tant de l'intérêt qui s'attache à telle ou telle personne que le secret qu'elle a confié ne soit pas révélé, mais surtout d'un intérêt social supérieur, qui veut que certaines règles professionnelles soient toujours respectées. Que leur violation n'ait froissé aucun intérêt personnel, qu'elle n'ait pas été motivée par l'intention de nuire à autrui, peu importe ; il suffit que cette violation ait été commise pour causer u certain trouble social qui motive alors la répression. Ces considérations ne sont pas spéciales à l'hypothèse visée ; elles s'appliquent aux délits en général ; ce sont elles qui font que, dans certaines espèces, on néglige et on écarte la question d'intention de nuire là où elle paraîtrait devoir être posée.

### § 3. — De la bonne intention et de la bonne foi.

Un des points les plus controversés de notre étude, c'est l'influence que peuvent exercer la bonne intention et la bonne foi sur la culpabilité ; elles l'atténuent, l'amoindrissent, cela ne saurait être contesté, mais la font-elles disparaître ? Sont-elles, comme la démence et la contrainte, une cause d'excuse absolue, telle est la question qui a été vivement discutée, et sur laquelle des opinions absolument contraires se trouvent en présence. Des arguments aussi nombreux que pressants ont été mis au service de l'une et de l'autre thèse ; cette abondance de moyens n'a rien qui puisse étonner : le sujet s'y prête. La loi, la morale, l'équité, l'utilité sociale, se rencontrent ici en un véritable champ clos, chacune avec les arguments et les raisons qui s'attachent à elle, et, selon qu'on se place plus spécialement dans l'un de ces trois ordres d'idées, on est porté à faire pencher la balance en sa faveur, et à lui faire dominer les deux autres. Pareil état d'esprit ne manque pas d'engendrer des opinions trop absolues, si l'on ne se pénètre bien de cette idée que le problème est complexe, qu'il ne suffit pas de l'examiner sous une de ses faces, pour en tirer la solution rationnelle. Pour tout ce qui touche à la répression pénale, c'est-à-dire à la mesure de la culpabilité, il ne s'agit pas de poser des principes philosophiques et juridiques en quelque sorte idéals, mais de rester dans la sphère des événements humains qui se déroulent chaque jour. Sans être taxé d'éclectisme ou d'irrésolution, sans être le moins du monde en proie au doute, on peut pencher tantôt d'un côté, tantôt de l'autre, selon les faits, selon les circonstances, et on hésitera à poser des règles qui comporteront des exceptions si nombreuses que la règle même deviendra exception. Là, plus que partout, se rencontre cette dualité de la justice divine, supérieure, et de la justice humaine, dont l'application se mesure aux nécessités terrestres. En pareil cas, des voies différentes conduiront fatalement à des solutions contraires; il faut rester dans un juste milieu, se rappeler que la question de culpabilité se pose toujours par rapport à un acte individuel, que c'est avant tout l'appréciation de cet acte individuel jugé concurremment avec la personnalité de son auteur, qui fixera le degré de culpabilité ou l'absence de toute culpabilité. On ne recherchera pas, on n'invoquera pas des règles supérieures régissant la généralité des cas; on examinera le cas lui-même et on décidera.

Souvent des opinions trop radicales, trop absolues, résultent en quelque sorte du choc des mots,
des expressions. On dira, par exemple : un fait
accompli dans une bonne intention peut-il être
coupable ? Non assurément. Mais souvent cette
bonne intention qui réside ordinairement dans le
but final, le résultat poursuivi, ne pourra-t-elle pas
s'effacer devant des manquements graves aux obligations et aux prohibitions que la loi et la morale
elle-même nous imposent ? Souvent le qualificatif
sera mal appliqué, et on pourra se demander si
c'était vraiment une bonne intention qui dictait la
conduite de l'auteur de l'acte incriminé ; cet acte
toujours complexe réunira en lui-même une série
d'éléments dont chacun aura sa signification et sa
portée particulières. L'analyse psychologique de cet
acte nous en révélera le véritable caractère.

N'oublions pas que la répression pénale est individuelle, c'est-à-dire extrêmement variable ; vouloir
poser en matière de culpabilité des principes généraux, absolus, est un leurre ; c'est une tentative qui
ne répond à aucun besoin, à aucune nécessité ; c'est
vouloir poser des règles dont l'application sera par
trop intermittente.

La bonne intention, c'est la croyance à la légitimité du but poursuivi ; ce sont les motifs honorables
et légitimes qui inspirent un acte à son auteur.
Ainsi, une personne donnera du poison à un malheureux atteint d'hydrophobie pour abréger par la

mort ses atroces souffrances, ou bien à un condamné
à mort pour lui épargner la honte et les angoisses
de l'échafaud. Une personne exercera, par exemple,
la médecine sans être pourvue des grades universi-
taires exigés par la loi, mais elle le fera uniquement
daus un but de charité.

Le mobile de tous ces actes n'est pas coupable,
sans doute, en lui-même, mais à côté de ce mobile,
de cette bonne intention, vient se placer l'acte proprement dit qui en lui-même l'est sans aucun
doute. C'est en face de ces actes qu'il importe de
bien déterminer ce qu'on appelle alors la bonne
intention; on voit ainsi combien ce mot intention
est complexe, et cette complexité est la source
d'équivoques et de contradictions tout apparentes.
La bonne intention se réfère surtout au mobile, aux
désirs qui guident l'agent, au but final proposé;
l'intention délictueuse se réfère au fait matériel
incriminé lui-même. Ainsi, dans les deux exemples
cités, la personne qui donnait volontairement la
mort à une autre n'ignorait pas que le fait de causer
la mort de quelqu'un est un crime tombant sous
l'application de la loi pénale; elle l'accomplissait
néanmoins, par intérêt même pour la personne à
laquelle elle enlevait la vie. L'individu qui, sans
être muni d'aucun grade, exerçait la médecine,
pouvait fort bien savoir qu'il outrepassait la
défense faite par la loi d'exercer la médecine en
dehors des conditions fixées par elle; il le faisait

néanmoins, convaincu que le but charitable qui le guidait effaçait toute espèce de culpabilité. Dans ces deux espèces l'intention coupable s'attache au fait de donner la mort, et à l'exercice de la médecine; la bonne intention s'attache à la compassion qu'inspirent les souffrances d'un malheureux, et aux sentiments de bienfaisance et humanitaires qui poussent à soulager les malades.

Dans ces deux cas et autres semblables, le motif qui a déterminé l'auteur de l'acte incriminé sera-t-il assez puissant, assez impérieux, pour que le fait ne soit pas condamnable? C'est là une question délicate, appelant des solutions diverses selon les espèces. Si cependant l'on voulait poser un principe général, à appliquer ou à écarter naturellement suivant les cas, il nous paraît difficile, en thèse générale, de ne pas décider que la culpabilité existe toujours. Admettre le contraire serait donner libre cours à certaines tendances toujours prêtes à se manifester, et qui consistent à mesurer le respect de la loi sur ses convenances personnelles, ses sentiments propres, sur l'opinion qu'on peut avoir de la légitimité ou de l'illégitimité de la loi elle-même; mais avant, voyons d'abord les arguments qu'invoquent les partisans de l'opinion contraire.

La loi, a-t-on dit, a pour fondement la justice, qui est la justification, la principale justification des peines prononcées; tout découle en matière pénale de ce principe de justice. Un fait, pour être puni,

doit être punissable au regard de son auteur même;
la punition qui le frappe, le châtiment qu'on lui
inflige, sa conscience doit lui dire qu'il les a mérités.
Punir celui dont la bonne foi, la bonne intention
sont certaines, serait une violation de tous les
sentiments de justice, serait attenter à la conscience
publique, et révolter le condamné lui-même quand
celui-ci ne sent pas qu'il a démérité. On ne doit pas
punir celui qui a fait le mal dans l'intime persua-
sion qu'il faisait le bien. Mais combien il y a de lois
pénales absolument étrangères à la notion du juste
et de l'injuste, se fondant uniquement sur certaines
nécessités sociales. Tout au moins quant à celles-là,
reconnaîtra-t-on que la question de bonne intention
ne saurait se poser. Supposons même une loi basée
sur des principes de justice morale et d'équité, et
c'est alors qu'on peut arrêter les partisans de cette
théorie en leur disant que certains individus peuvent
avoir sur le bien-fondé, sur la légitimité de leurs
actes, une opinion absolument inadmissible. On
peut citer à ce propos un arrêt de la cour de cassation de frimaire an VII, qui vise le cas suivant : un
individu marié contracte un second mariage tout
en sachant que le premier n'était pas dissous; il
invoque pour sa défense une série de raisons dont la
conclusion était que l'intention qui le guidait étant
bonne, en conséquence il n'était pas punissable.
L'arrêt de la cour proclame que, dans ce cas, il ne
saurait y avoir une bonne intention.

Ceux qui prétendent que la bonne intention efface la culpabilité apportent alors un tempérament à leur thèse. (Le Sellyer. *Traité de la criminalité, de la pénalité et de la responsabilité soit pénale, soit civile, en matière de contraventions, de délits et de crimes*, t. 1, p. 230.) Tout fait contraire à la morale ou aux bonne mœurs, disent-ils, ne pourra comporter une bonne intention. Les raisons qu'ils invoquent en ce cas se contredisent. N'oublions pas que ce sont avant tout des considérations strictement personnelles à l'auteur de l'acte incriminé qui leur inspirent leur opinion. Un individu croit avoir bien agi quand le fait accompli par lui est prohibé par la loi; cela doit suffire; il est à l'abri de toute répression pénale. Qu'au contraire, cet acte soit réprouvé par la morale et les bonnes mœurs, il est alors punissable, quelque bonne qu'ait été l'intention de son auteur. Cette distinction est critiquable; il est impossible d'admettre que la loi puisse être opposée aux bonnes mœurs et à la morale. Pour être conséquents avec eux-mêmes, les partisans de la théorie que nous combattons devraient dire que la bonne intention, la croyance à la légitimité du but poursuivi, doivent primer toute autre considération et que, par exemple, dans le cas précité, s'il est immoral, contraire aux bonnes mœurs de contracter un second mariage sans attendre la dissolution du premier, la culpabilité qui naît de cet acte s'évanouit devant la bonne intention

qui guide son auteur, par exemple cette bonne intention consistant à légitimer ses enfants naturels, leur
donner son nom, régulariser la situation de leur
mère, reconnaître le dévouement dont elle a toujours donné des preuves, faire cesser la situation
équivoque qu'elle a vis-à-vis du monde, situation
dont elle souffre cruellement, se résoudre ainsi à
un acte dont sa santé, sa vie même, peuvent dé-
pendre, etc. Toutes raisons pressantes, impé-
rieuses, qui peuvent entraîner un homme et justifier
l'oubli des règles que la morale et les bonnes mœurs
lui imposent.

De plus, la morale, les bonnes mœurs, peuvent
être diversement envisagées selon les temps, les
individus, l'âge, le sexe, les milieux, les circonstances, etc. Tel fait qui paraît immoral à tel
homme sera parfaitement naturel aux yeux de
tel autre. L'assassinat politique, que l'on considère
généralement comme un acte criminel, se justifiera
complètement aux yeux de certaines personnes qui
pourront même y voir un acte absolument méri-
toire. La morale ne nous donne donc aucune règle
fixe, positive; on doit donc uniquement s'attacher
à la loi dont les règles formelles peuvent et doivent
être connues de nous tous. On voit combien peu
se justifient, selon les cas, et la règle et le tempérament qu'on y apporte. Si l'on admet que la bonne
intention peut motiver la non-application de la loi
pénale, il importe peu de distinguer si le fait incri-

miné est défendu par la loi seule ou par la loi et les bonnes mœurs.

Nous dirons, quant à nous, que la répression établie par la loi, répression fondée sur la justice et un besoin de sauvegarde sociale, ne peut en principe être écartée par l'intention, si bonne qu'elle puisse paraître. Les raisons qui justifient l'acte accompli aux yeux de son auteur ne sauraient toujours l'excuser au regard de la société qui le juge. Souvent d'ailleurs, la bonne intention qu'on invoquera pour innocenter le coupable ne sera le fruit que d'un sens moral faussé, de la conscience pervertie ou égarée; cette considération perdra alors toute espèce de force et devra être écartée.

On dira aussi que la loi peut être inique et qu'il y aurait quelque chose de révoltant à punir celui qui l'enfreint, convaincu qu'il est de l'injustice de la loi. Pareille thèse conduirait à admettre que chacun peut à son gré peser et apprécier les prescriptions de la loi pénale, les analyser, juger leur légitimité et s'affranchir de ses dispositions quand il les trouve abusives ou injustes, et rien ne serait plus logique alors, admettant la violation d'une loi injuste, que d'admettre aussi la violation d'une loi qu'on croirait de bonne foi, mais à tort, aussi injuste. Il est évident que celui qui, en toute bonne foi, croit une loi inique et la viole, est exactement dans le même cas que celui qui viole une loi que réprouve justement la conscience publique; sa bonne foi le rend tout aussi intéressant, il devrait donc être traité de la même manière, et, comme le premier, échapper à toute répression. La responsabilité de l'homme n'est pas limitée par les appréciations personnelles qu'il peut faire du juste et de l'injuste, du bien fondé ou de l'iniquité des lois positives. « Nous croyons, dit éloquemment Rossi (*Traité de droit pénal*, t. II, p. 73), que la responsabilité morale de l'homme s'étend plus loin. Si, sans être atteint de folie, il conçoit et nourrit des erreurs funestes, des opinions bizarres démenties par la conscience universelle et par la loi écrite, c'est à sa vie intérieure, à sa vie morale tout entière qu'on doit l'attribuer. Son âme, pervertie par des penchants non réprimés ou par des erreurs reçues légèrement et caressées au point qu'elles ont dégénéré en fanatisme, en superstition, a jeté volontairement un voile sur son intelligence. C'est volontairement qu'il s'est mis en quelque sorte en dehors de l'humanité. La vérité n'arrive plus jusqu'à lui par l'effet d'une barrière intérieure que l'homme lui-même a élevée, que dis-je, la vérité ne lui arrive pas! il l'a chassée. Sa conscience lui parlait d'abord le langage de l'humanité, elle l'éclairait de sa lumière; mais il l'a éteinte, et elle n'a pas été, n'a pu être l'ouvrage d'un moment ni d'un jour. Il est d'autant moins excusable que la voix solennelle de la loi, la conscience publique formellement révélée dans les paroles du législateur, l'au-

torité du pouvoir conservateur de l'ordre social,
tout l'avertissait de son erreur. Il en était averti à
temps et de manière que l'avertissement pouvait
lui être utile, salutaire. Son intelligence a eu le
temps de comprendre, sa liberté a pu choisir ; si le
secours a été nul, c'est que d'avance, longtemps
d'avance, peu à peu et volontairement, il avait,
pour ainsi dire, fermé à la vérité les portes de son
esprit. *Imputet sibi.* »

La loi doit donc être respectée, quelques prescriptions qu'elle édicte, quelques défenses qu'elle formule. En supposant même qu'une personne ait cru
que son devoir lui commandait impérieusement
d'agir au mépris de ses prohibitions, elle n'en sera
pas moins coupable ; le fait d'avoir violé la loi suffira pour établir sa culpabilité, car, comme le dit
Bertauld, si l'agent pouvait juger la loi, il n'y aurait
pas de loi pour lui : il serait souverain.

Nous avons dit que la bonne intention est la
croyance qu'on a de faire le bien, mais le bien est
le résultat final ; si un résultat louable peut être
poursuivi par n'importe quel moyen, on voit aisément à quelles conséquences cette théorie peut conduire. Plus de scrupules, plus d'hésitations ; tous
les moyens, quelque répréhensibles qu'ils soient,
nous sont ouverts, si le but poursuivi est légitime ;
on pourra réprouver soi-même ces moyens, mais
en user néanmoins dans la certitude que le résultat
auquel ils tendent en efface le caractère. Si l'on

écarte cette conséquence exagérée, en disant que l'illégitimité des moyens employés étant reconnue par leur auteur, celui-ci ne pourra alors exciper de sa bonne intention pour échapper à la répression de sa faute, la croyance même à la légitimité du moyen ne suffira pas toujours pour lui assurer l'impunité. Dégagée de cette considération, la bonne intention ne suffit pas toujours ; on ne saurait trop répéter que le problème est complexe comme pour tout ce qui touche à la mesure de la culpabilité. A côté de cette bonne intention viennent se ranger d'autres éléments qu'il ne faut pas négliger, l'inattention, la négligence, l'imprudence, etc. Voyons le poids dont pèse chacun de ces éléments sur l'acte lui-même, voyons lequel l'emportera. On peut supposer l'intention excellente ; mais l'imprudence qui l'accompagne peut entraîner les résultats les plus fâcheux. Prenons, par exemple, le cas de celui qui exerce illégalement la médecine dans un sentiment de charité. S'est-il demandé si l'exercice d'un art pour lequel il n'a pas les connaissances requises ne peut pas être fatal à la santé ou à la vie des malades qui se confient à ses soins, et quelque louable que soit son désir de soulager l'humanité souffrante, il est répréhensible en raison des dangers que son imprudence peut faire courir. Dans ce cas comme dans beaucoup d'autres, à côté de la bonne intention viennent se ranger l'imprudence, ailleurs la négligence, l'inattention, etc., qui la priment et qui font que la loi pénale doit être appliquée. Les partisans de l'opinion contraire s'emparent parfois d'une hypothèse de ce genre pour dire que si celui qui donnait des soins à un malade a causé sa mort, il ne saurait être considéré comme un assassin; et s'il est prouvé que la personne auteur de la mort croyait sauver le malade, sa bonne foi étant certaine, elle doit être à l'abri de toute répression. Il est hors de doute que la question d'assassinat ne peut se poser dans l'espèce; il est certain qu'il n'y a là ni meurtre ni empoisonnement; mais n'oublions pas que très exceptionnellement le fait incriminé, dans la thèse que nous soutenons, sera réprimé comme si l'intention délictueuse absente s'y rencontrait. Le plus souvent, le fait changera de qualification pénale et ne sera plus considéré que comme une infraction d'un ordre inférieur à l'infraction intentionnelle. Ici ce sera l'ignorance, l'imprudence, qu'on punira; elles seules resteront et seront comme telles punissables, la bonne intention ayant fait disparaître le meurtre, l'homicide volontaire, et l'on peut voir par là quelle influence considérable exercera cette bonne intention, puisque d'un meurtre, fait si grave, puni de peines si élevées, elle aura fait un simple homicide par imprudence, délit infiniment moins grave au point de vue de la répression. Vouloir que cette bonne intention efface même l'imprudence, c'est aller trop loin et annihiler en quelque sorte les mesures de protection et de sau-

vegarde dont la loi a cru devoir entourer la vie humaine.

Prenons encore un autre exemple plus délicat
dans le même ordre d'idées, exemple qu'on propose volontiers dans les controverses : Une personne,
qui soigne un malade, lui administre par mégarde
une substance toxique dans un moment critique;
elle a cru lui administrer un remède pouvant con-
jurer une issue fatale. Incriminera-t-on celui qui a
voulu sauver la vie à son semblable? diront les uns.
Laissera-t-on impuni celui qui par son imprudence
a causé la mort d'un homme? diront les autres.
C'est toujours le même problème qui se pose; des
considérations diverses s'opposent et se combattent;
ici on devra opter entre la bonne intention et l'imprudence, rechercher si c'est la première ou la
seconde qui doit l'emporter. Mais là, comme
ailleurs, ce sont les faits, les circonstances matérielles qui devront fournir la solution variable selon
les cas. Le malade était-il dans un danger pressant,
aucun autre secours humain n'était-il à portée,
aucun homme de l'art ne pouvait-il assez vite être
appelé à ses côtés? Alors celui qui a causé la mort
du malade dans les circonstances susindiquées,
pouvait et devait agir; son imprudence s'efface
devant une impérieuse nécessité. Renversons l'hypothèse : Le danger était moins pressant, on pouvait
appeler un médecin; d'autres personnes plus expé-
rimentées pouvaient être consultées. L'imprudence

l'emporte alors sur la bonne intention; c'est un homicide involontaire punissable comme tel. Autant de cas, autant de solutions différentes : difficulté en pareille matière de poser une règle qui, dans l'application, souffrira des exceptions si nombreuses.

Les partisans de la théorie qui veut que la bonne intention soit une cause d'absolution, sont amenés à traiter incidemment de la responsabilité civile et reconnaissent que la bonne foi et la bonne intention sont impuissantes à affranchir de cette responsabilité, si l'agent, disent-ils, n'est pas exempt de tout reproche, s'il lui avait été possible, par exemple, de s'éclairer sur ce qu'il avait le droit de faire et sur les conséquences pouvant résulter de son action. (Le Sellyer, tome I, p. 235.) Pourquoi n'admettraient-ils pas, dans ces mêmes cas, qu'il puisse être tenu d'une responsabilité pénale amoindrie, fondée précisément sur les mêmes motifs, et cela d'autant mieux que dans les cas où l'on réprime la simple négligence ou imprudence, cette responsabilité pénale est généralement fort atténuée et se réduit le plus souvent à une simple amende, ce qui, en fait, la rend de la même nature que la responsabilité civile.

On a dit aussi à propos de la bonne foi devant excuser les infractions, que c'était une doctrine incontestée dans l'ancien droit, que la culpabilité ne pouvait exister s'il y avait eu ignorance ou bonne foi. A l'appui de cette opinion on cite différents

articles du Code pénal, les articles 61, 62, 135, etc.
Prenons l'article 135 qui décide que ceux qui
auraient reçu pour bonnes des pièces contrefaites ou
altérées et les auraient remises en circulation, ne
seraient pas punissables. Cela s'explique aisément
et ne démontre en rien la théorie que nous combattons. Le fait de mettre en circulation des pièces de
monnaie est en lui-même parfaitement légitime;
ce qui ne l'est pas, c'est de le faire quand ces pièces
sont fausses; or, pour rendre le fait incriminable,
il est hors de doute qu'il faut que l'on ait connu
cette circonstance, que l'on ait su que ces pièces
étaient fausses. Supposons qu'une loi prononce la
défense de mettre en circulation des monnaies étrangères. Une personne contrevenant à la loi le fait,
convaincue d'ailleurs que les monnaies qu'elle livre
sont d'une valeur au moins égale, sinon supérieure
à celle pour laquelle elle les donne. Sa bonne foi
est certaine, mais elle sera punissable, car le seul
fait d'avoir livré à la circulation des monnaies étrangères constituera le délit indépendamment de toute
bonne foi. Dans le premier cas, la loi ne punit dans
le fait matériel, usage de pièces, fait normal, que
la connaissance qu'on avait de l'altération de ces
pièces. Dans le second cas, la loi punirait le fait
matériel lui-même, indépendamment de toute
espèce de circonstances attestant la bonne foi du
délinquant.

Les mêmes explications peuvent être données

quant au recel et au logement des malfaiteurs.
Recevoir chez soi des marchandises, donner l'hospi-
talité à quelqu'un, sont des faits normaux, licites,
qui ne peuvent être punis qu'en raison de la mauvaise foi, de la connaissance qu'ont les inculpés des
circonstances du fait incriminé. Invoquer ces articles
ne sert donc à rien quant à la thèse contraire, et ne
prouve nullement que la loi pénale ait voulu excuser en principe la bonne foi et la bonne intention.
Elle l'a fait dans ces divers cas, car elle visait des
faits normaux, légitimes en eux-mêmes, qui ne
deviennent incriminables et punissables que par la
seule mauvaise intention qui les accompagne.

En résumé, un acte délictueux conserve en
général ce caractère, quel que soit le mobile qui
l'ait dicté ; ce mobile exerce sans doute sur la culpabilité de l'acte une influence souvent décisive ; il
l'amoindrira, l'atténuera souvent, et même la fera
disparaître dans certains cas. Mais si un principe
général doit être posé en la matière, c'est que la
bonne intention et la bonne foi n'effacent pas la
faute, principe posé tout naturellement sous les
réserves que comportent et les faits eux-mêmes et
la personnalité de leurs auteurs. Avant tout, respect
de la loi, et respect des prescriptions qu'elle impose.
Il ne faut pas qu'on puisse transgresser, sous des
prétextes divers, et en mettant en avant les meilleures raisons, les règles qu'elle établit ; c'est là déjà
une tendance trop commune chez l'homme, ten-

dance que nous avons déjà signalée et contre laquelle
il importe de réagir. Il ne faut pas que la bonne intention et la bonne foi soient le pavillon sous lequel
s'abritent l'ignorance, l'imprudence, l'inattention,
les passions diverses qui se colorent souvent de
prétextes généreux ou humanitaires. Si notre Code
pénal n'a rien dit de précis et de réglementaire à
cet égard, et qu'on soit obligé de fixer nne règle
d'après l'esprit de la loi pénale, on peut faire remarquer que d'autres législations étrangères ne sont pas
restées muettes sur ce point. C'est ainsi, par
exemple, que l'article 39 du Code pénal de Bavière
est conçu : « La criminalité de l'intention ne sera
détruite, ni par la croyance qu'aurait eue le coupable que le fait défendu par la loi pénale était
permis par la conscience ou par la religion, ni par
l'erreur ou l'ignorance sur le genre de gravité de la
peine, ni par la nature du but final ou du mobile de
la résolution criminelle. »

La solution que nous adoptons, à savoir qu'en
principe la bonne intention ne fait pas disparaître
la culpabilité, nous dispense de faire la distinction
logique chez les partisans de la théorie contraire, qui
se demandent si leur règle, applicable aux crimes et
aux délits, l'est aussi aux simples contraventions.
Nous n'avons pas, quant à nous, à nous poser la
question. Elle est naturelle de la part de ceux
qui soutiennent la thèse contraire. Etant donné, en
effet, le caractère, la nature spéciale des contraven-

tions, on devait se demander si la bonne intention pouvait, même dans les contraventions, effacer la culpabilité et mettre l'auteur de la contravention à l'abri de toute pénalité. Conséquents avec eux-mêmes, les partisans de la théorie contraire penchent volontiers du côté de l'affirmative, que nous repoussons absolument pour notre part. L'on conçoit aisément que les raisons qui nous décident en ce qui concerne les crimes et les délits, soient encore plus décisives en ce qui concerne les contraventions, en raison de leur caractère propre et de la nature des peines qui les frappent.

Disons en terminant que la bonne intention exercera une influence décisive sur la mesure de la culpabilité, qu'elle sera le principal élément que devra peser et apprécier le juge pour la fixation de la peine, sans pouvoir toutefois affranchir en principe de cette peine elle-même.

Un arrêt de la cour de cassation du 15 juin 1871 (Dalloz, 1871, 1re partie, page 363) pose en quelque sorte le principe en la matière. Dans l'espèce, il s'agit d'un homme qui, voulant mettre fin au scandale que causaient un homme et une femme vivant en concubinage dans une commune, et se décidant dans ce but à les contraindre à quitter le pays, met le feu à leur demeure, en ayant soin toutefois de préserver leur mobilier, et les indemnisant en outre, par la suite, de toutes les pertes que l'incendie avait entraînées. L'arrêt décide que ces circonstances n'empêchent pas que le fait ne doive être considéré comme constitutif du crime d'incendie d'une maison habitée. En pareil cas, l'intention criminelle, pour avoir eu un objet autre que celui que se proposent ordinairement les incendiaires, n'en existe pas moins. Et l'arrêtiste ajoute, dans une note à ce propos, que c'est une règle qui paraît certaine aujourd'hui en jurisprudence, qu'il suffit, pour qu'il y ait crime, que l'agent ait commis, dans une intention quelconque de nuire, le fait que la loi réprime, et qu'il n'est pas nécessaire que cette intention ait eu en vue précisément le mal qui a été produit.

# CHAPITRE III

## DE L'IGNORANCE DE LA LOI

L'article premier du Code civil, qui fixe les conditions dans lesquelles les lois deviennent exécutoires, décide qu'elles le sont du moment où la promulgation en est connue, et cette promulgation en est réputée connue dans des délais variables que la loi indique. Ajoutons que le titre préliminaire du Code civil étant intitulé : « De la publication, des effets et de l'application des lois en général, » l'article premier de ce Code vise donc toute espèce de lois, et entre autres les lois pénales. Cette règle posée par l'article premier établit, par conséquent, la présomption légale : « *Nemo jus ignorare censetur.* »

Un décret du 5 novembre 1870, qui modifie les règles du Code civil touchant la promulgation des lois, décide dans son article 4 que : « Les tribunaux et les autorités administratives ou militaires pourront, selon les circonstances, accueillir l'exception d'ignorance alléguée par les contrevenants, si la contravention a eu lieu dans le délai de trois jours francs à partir de la promulgation. » Voilà la législation qui domine la matière. Et tout d'abord, on peut se demander si elle établit une présomption, comme on le dit si fréquemment, ou si elle pose une règle. Dira-t-on que tout Français est censé connaître la loi, ou que tout Français doit connaître la loi ?

Serait-ce une présomption ? Non, évidemment, car en fait, ce serait plutôt la présomption contraire qu'on pourrait affirmer. Il est certain que l'immense majorité des citoyens ne connaît pas l'ensemble des lois pénales qui nous régissent ; les étrangers qui, pour la première fois, pénètrent sur le territoire français, se trouvent encore dans une ignorance plus complète, et cependant à eux, comme à nous, ces lois deviennent immédiatement applicables. Ce n'est donc pas d'une présomption qu'il s'agit, car cette présomption serait fausse et inexacte ; c'est une règle qui s'impose et qui doit être suivie par tous les citoyens et tous ceux qui se trouvent momentanément sur notre territoire, quant aux lois pénales tout au moins. Cette règle signifie que chacun, passé le délai établi par la loi, délai suffisant pour qu'on puisse la connaître, est soumis à l'application de cette loi même. Qu'il la connaisse ou qu'il l'ignore, peu importe ; elle lui est applicable du moment qu'il a été mis en demeure de la connaître et qu'il a eu la possibilité de le faire.

Cette règle est le complément indispensable de toute loi positive. Si l'on pouvait, en effet, se soustraire à l'application de la loi sous prétexte d'ignorance, la loi serait sans force, et la justice resterait le plus souvent désarmée. Une loi qui ne s'imposerait pas par le seul fait de son existence rendue publique, serait condamnée à une impuissance absolue; la loi alors s'abdiquerait elle-même. On doit connaître la loi, mais cette règle est-elle absolue? Peut-on, dans certaines circonstances que le juge aura à apprécier, apporter un tempérament à ce que cette règle peut paraître avoir de trop rigide, ou doit-on toujours strictement s'y conformer quels que soient les cas? A cette dernière opinion se rallie la majorité des auteurs; elle a en outre pour elle l'appui de la jurisprudence. Un arrêt de la Cour de cassation, chambres réunies, du 17 juillet 1839 (Dalloz, 1839, I$^{re}$ partie, p. 414), déclare : « Attendu que tout délinquant ne peut être déclaré excusable qu'autant qu'il est établi, aux termes de l'article 65 du Code pénal, qu'il se trouve dans l'un des cas d'excuse prévus par la loi ; que le jugement attaqué ne le déclare point ainsi et ne pouvait le déclarer dans les circonstances de la cause, que la prétendue bonne foi attribuée aux prévenus n'est autre que l'ignorance de la loi, qui ne peut être présumée, ni admise, etc. »

Combattue vigoureusement d'autre part, cette opinion est représentée comme ayant une portée excessive et injuste ; ses adversaires veulent, au contraire, qu'on y apporte un tempérament nécessaire. Voyons les raisons exposées de part et d'autre.

Tout d'abord la loi même peut être invoquée en faveur d'une règle absolue. La loi ne souffre aucune exception, ou plutôt n'admet que celle formulée dans l'article 4 du décret de novembre 1870. Hors ce cas strictement limitatif et qui fixe le principe, le juge ne pourra jamais accueillir une exception d'ignorance de la loi. Ce principe est rigoureusement confirmé par l'article 65 du Code pénal, qui décide que « nul crime ou délit ne peut être excusé ni la peine mitigée que dans les cas et dans les circonstances où la loi déclare excusable le fait ou permet de lui appliquer une peine moins rigoureuse. » C'est déjà cet article qu'invoquait l'arrêt de la Cour de cassation que nous citions tout à l'heure. Or, quel est le texte de la loi pénale qui limite son application au cas où l'agent en a eu connaissance ? Le silence gardé sur ce point par le législateur est donc significatif, surtout si on le rapproche des règles générales par lui posées ; il a donc voulu laisser à l'article 1er du Code civil toute sa portée et toute sa rigueur.

L'obligation imposée par la loi n'a d'ailleurs rien d'impossible à remplir. Si l'on songe qu'une foule de lois spéciales ne visent que certaines catégories d'individus ou certaines circonstances, certaines situations auxquelles la généralité des citoyens échappe, les lois que nous devons connaître, à l'application desquelles nous sommes soumis, sont parfaitement limitées. Alors que les faits sont innombrables, que leur infinie variété ne saurait être embrassée par l'intelligence humaine, la loi positive étant définie, limitée, il est en notre pouvoir de la connaître, et nous sommes en faute, si nous restons dans l'ignorance de ses prescriptions.

Il n'est pas d'ailleurs nécessaire pour respecter la loi pénale de la connaître tout entière. Déjà nous venons de dire que beaucoup de lois spéciales sont particulières à certaines catégories d'individus, à certaines professions ; celles-là, on peut donc sans inconvénient les ignorer. Quant aux autres, notons qu'il est rare que des faits ayant une certaine gravité morale soient négligés par la loi pénale, et qu'un beau jour, cette dernière venant à les frapper subitement, les auteurs de ces faits puissent justement exciper de leur ignorance de la loi nouvelle. Quand un fait est défendu par la loi morale, on doit supposer qu'il est réprimé par la loi positive ; il faut donc s'abstenir de le commettre, car alors l'exception d'ignorance de la loi, en pure morale, ne saurait suffire pour affranchir l'agent de la peine. En fournirait-il la preuve absolue, qu'on pourrait très légitimement lui appliquer la peine établie. Il est inadmissible, en effet, qu'une loi, soit ancienne, soit récente, vienne infliger des peines d'une cer-

taine gravité pour des faits qui ne soient pas par
eux-mêmes réprouvés par le devoir moral, et
l'ignorance de la loi n'empêchera pas, en toute
justice, de frapper les auteurs qui seront, dans tous
les cas, parfaitement fixés sur l'immoralité ou
l'injustice de leurs actes. En veut-on un exemple :
on a glissé, dans la loi sur les récidivistes, un paragraphe terminal qui punit, en les assimilant aux
vagabonds, ceux qui vivent habituellement de pros-
titution. Je suppose cette loi immédiatement mise
en vigueur ; elle peut, on le conçoit, rester ignorée
un temps durant par les individus qu'elle vise,
assurés qu'ils étaient auparavant qu'une complète
impunité les couvrait ; ceux-ci pouvaient d'ailleurs
être en prison au moment de la promulgation de
loi, et ils en sortent un beau jour et continuent
leur triste métier. Seront-ils reçus à prétendre que
leur ignorance de la loi nouvelle et la confiance
qu'ils avaient que leurs actes n'étaient passibles
d'aucune peine, chose très concevable, doivent leur
assurer l'impunité dont ils ont toujours joui antérieurement ? Il suffit qu'ils connaissent l'indignité
des actes auxquels ils se livrent habituellement,
pour que le châtiment qui les frappe soit justement
mérité. En toute justice, l'ignorance de la loi ne
peut donc pas être invoquée comme excuse pour
tous les faits contraires à la loi morale.

S'il s'agit, au contraire, d'infractions punies de
peines légères, concernant des faits non réprouvés

par la morale, rappelons-nous qu'à l'idée de justice vient se joindre une autre idée de nécessité sociale, d'utilité publique, qui, souvent en matière de contraventions et même de délits, domine l'idée de justice elle-même, et qui autorisera le juge à frapper sans se préoccuper de l'ignorance de la loi, considération dans laquelle les nécessités de la pratique ne sauraient lui permettre d'entrer. Pour tout ce qui concerne, en effet, les délits d'ordre inférieur, les contraventions de simple police surtout, la loi resterait le plus souvent lettre morte, si son application était subordonnée à la connaissance de la loi qui les régit. Chacun doit se renseigner, s'enquérir, se demander si son intérêt particulier ne doit pas s'effacer devant l'intérêt général que protègent les les lois qui répriment les délits et les contraventions. D'ailleurs souvent la simple réflexion, la prudence, l'attention, auraient pu prévenir l'infraction commise, sans qu'il soit nécessaire pour cela de connaître la loi elle-même. En matière de contraventions de simple police, par exemple, je suppose un arrêté municipal interdisant de conduire au trot des voitures dans certaines rues d'une ville ou d'un bourg; l'étranger qui traversera la ville ou le bourg peut, selon toute vraisemblance, ignorer absolument la défense formée par l'arrêté municipal; il sera néanmoins punissable; et pour cette contravention comme pour beaucoup d'autres du même genre, on peut remarquer que de simples raisons de prudence élémentaire auraient dû, à défaut de connaissance de l'arrêté, l'empêcher d'enfreindre sa défense. De même, s'il s'agit d'un arrêté municipal empêchant de laisser des voitures dételées stationner en certains endroits ; un motif de commodité publique eût dû suffire alors pour éviter l'acte qui constitue la contravention.

Le législateur, d'ailleurs, pour certaines lois d'une application courante, a pris des dispositions spéciales pour faciliter leur connaissance aux intéressés. C'est ainsi que l'article 12 de la loi du 23 janvier 1873, « *tendant à réprimer l'ivresse publique et à combattre les progrès de l'alcoolisme,* » est ainsi conçu : « Le texte de la présente loi sera affiché à la porte de toutes les mairies, et dans la salle principale de tous cabarets, cafés et autres débits de boissons. Un exemplaire en sera adressé, à cet effet, à tous les maires et à tous les cabaretiers, cafetiers et autres débitants de boissons. Toute personne qui aura détruit ou lacéré le texte affiché sera condamnée à une amende de 1 à 5 fr. et aux frais du rétablissement de l'affiche. Sera puni de même tout cabaretier, cafetier ou débitant, chez lequel ledit texte ne sera pas trouvé affiché. » De même l'article 11 de la loi du 19 mai 1874 « sur le travail des enfants et des filles mineures employés dans l'industrie, » porte que : « Les patrons ou chefs d'industrie seront tenus de faire afficher dans chaque atelier les dispositions de la présente

loi et les règlements d'administration publique relatifs à son exécution.

A côté de l'ignorance de la loi vient se placer la
fausse interprétation de la loi. Cette considération
ne doit pas plus que la première arrêter le cours de
la justice. Peu importe évidemment qu'on se trompe
sur le quantum de la peine qui doit frapper une
infraction ; on serait évidemment fort mal reçu à
prétendre qu'on croyait que tel ou tel fait était
frappé par la loi pénale d'une peine inférieure à
celle dont on est menacé. Il suffit, bien entendu,
que l'on sache que le fait était défendu par la loi
pénale pour qu'on doive s'abstenir de le commettre.
On ne saurait prétendre que la peine qui doit être
infligée ne doive pas dépasser celle qui, dans
la croyance du délinquant, réprimait le fait incriminé.

Supposons maintenant le cas où l'agent croyait
que les faits qu'on lui reproche ne tombaient pas
sous le coup de la loi pénale; en définitive, cette
hypothèse rentre dans la première, car, mal interpréter la loi, c'est après tout ignorer la loi elle-
même, méconnaître non pas son existence, mais sa
nature et sa portée, et les mêmes raisons conduisent
à décider que la fausse interprétation, pas plus que
l'ignorance de la loi, ne sera une cause d'excuse. On
peut même dire que l'agent connaissant la loi, et
négligeant de se renseigner exactement sur sa
portée véritable, est encore plus en faute que celui

9

qui l'ignore complètement. Pour les peines d'une
certaine gravité, dans ce cas comme dans l'autre, la
conscience de l'agent eût dû suffire pour l'arrêter
dans l'accomplissement des actes incriminés. Par
exemple, je suppose un individu tombant sous l'application de l'article 405, qui punit l'escroquerie, et
venant prétendre qu'il croyait que les faits qu'on lui
reproche étaient licites. Il est certain que les actes
incriminés ne se justifient pas en pure morale, et
quoique l'agent ait pu croire qu'ils échappaient à la
répression pénale, il n'en sera pas moins justement
punissable.

Pour les délits d'ordre inférieur et les contraventions, celui qui interprète faussement la loi est
encore moins intéressant que celui qui l'ignore ;
encore moins justement que le premier, il ne peut
exciper de sa bonne foi, car la fausse interprétation
qu'il a faite de la loi montre qu'il en avait connaissance, et il est en faute de ne pas en avoir mieux
pesé et l'esprit et les termes. C'est une raison de
plus pour le frapper, surtout si l'on songe que
des raisons d'utilité publique obligent à sévir même
contre celui qui est dans une complète ignorance
de la loi elle-même, alors que cette loi peut très
bien être complètement étrangère à la notion du
juste et de l'injuste, et être ainsi violée de la meilleure foi du monde.

L'erreur de droit n'est donc pas plus admissible
que l'ignorance du droit lui-même ; ce sont d'ail-

leurs, comme nous l'avons déjà fait remarquer, deux choses qui se confondent en quelque sorte, car c'est l'ignorance de la loi qui engendre l'erreur de droit.

On pourrait cependant concevoir des cas d'erreur où quelqu'un, sans qu'une faute véritable puisse lui être reprochée, puisse légitimement croire, en raison de circonstances exceptionnelles, que le fait incriminé ne tombait pas sous le coup de la loi pénale. Je suppose une série d'actes du même genre, se produisant publiquement et ouvertement, sans que l'autorité compétente agisse, et qu'à cette circonstance viennent se joindre de sérieuses raisons juridiques de croire que le fait n'est pas punissable. Si on se décidait enfin à poursuivre un de ces faits, le délinquant pourrait très justement alléguer que dans l'état des choses sa responsabilité est couverte, et que les poursuites dirigées subitement contre lui sont vexatoires et dans une certaine mesure injustes. Ce serait alors au juge à décider, suivant les circonstances, si la culpabilité existe. Pareille excuse d'ailleurs ne doit être admise qu'avec une extrême réserve, car une tolérance momentanée des pouvoirs répressifs ne saurait engager l'avenir; tant que la loi existe, on peut l'appliquer.

Notons aussi que celui qui aura enfreint de bonne foi une règle posée par la loi positive et qui aura réussi à le prouver, n'aura plus alors commis qu'un délit non intentionnel, et verra en conséquence sa culpabilité largement atténuée. Ce tempérament doit être justement apporté à la règle que nous venons de développer. Si l'ignorance de la loi, sa fausse interprétation, ne sont pas une cause d'excuse, n'effacent pas la culpabilité, indubitablement elles l'atténuent; ce sera aux juges à apprécier, suivant les circonstances, les causes et les motifs d'ignorance de la loi, et à en faire, suivant les cas, une application plus ou moins adoucie. Cela rentre dans l'appréciation de la culpabilité, si variable selon les espèces, et dont l'ignorance de la loi peut être très logiquement un élément d'atténuation.

Si l'ignorance de la loi était admise comme cause d'excuse, on se demande alors comment se ferait la preuve de cette ignorance; il est certain que la preuve directe de l'ignorance ne pourrait être fournie; on ne saurait, en effet, apporter la preuve absolue d'un fait qui est du domaine de la conscience, fait au sujet duquel on devra nécessairement se contenter de l'affirmative du prévenu, pourvu toutefois qu'elle ne soit pas en contradiction avec les faits. Admettre une portée semblable à l'affirmation des délinquants équivaudrait à la négation de la loi elle-même; ce serait dresser en leur faveur une cause justificative, impossible le plus souvent à renverser.

Bien plus, si l'ignorance de la loi effaçait en principe la culpabilité, on resterait dans cette ignorance, on négligerait intentionnellement tout moyen de connaître la loi, uniquement pour en décliner l'application. C'est ce que prévoient les adversaires de notre thèse qui formulent alors une distinction : l'ignorance qui existera de bonne foi, disent-ils, l'ignorance involontaire sera seule une cause justificative ; quant à l'ignorance voulue, l'ignorance dolosive, elle ne mettra pas l'agent à couvert. Mais nous retombons alors dans la même difficulté que tout à l'heure. Comment prouver que l'ignorance du délinquant a été dolosive et volontaire ? Cela est de toute impossibilité, à moins que l'on n'admette que le seul fait d'avoir négligé de se renseigner sur les prescriptions de la loi, alors que le moyen en était offert, ne constitue une ignorance dolosive et volontaire, manière de voir à laquelle nous nous rangeons volontiers. Mais alors, comment formuler l'hypothèse de l'ignorance involontaire ? On devra la faire rentrer dans celle de la connaissance de la loi impossible, de l'ignorance forcée que nous allons examiner, et dans laquelle il est nécessaire, croyons-nous, de faire fléchir la rigueur du principe par nous posé, et cela dans certains cas d'ailleurs très rares.

Quant à l'ignorance pure et simple de la loi, dégagée de toute impossibilité de la connaître, elle ne saurait supprimer l'imputabilité. Cela est si vrai, qu'admettre le contraire serait annihiler certains articles du Code qui ne punissent guère autre chose que l'ignorance de la loi, par exemple, l'article 346 du Code pénal sur les déclarations de naissance. Le plus souvent, la violation de cet article sera due à l'ignorance de la loi. En conclura-t-on que l'auteur de l'infraction ne sera plus punissable? Et en ce qui concerne les lois de police et de sûreté, qui obligent tous ceux qui se trouvent sur le territoire français? Un étranger qui pénètre pour la première fois en France peut les ignorer de la meilleure foi du monde. Le soustraira-t-on à l'application de la règle si formelle posée par l'article 3 du Code civil? Ces lois étant établies dans un but de protection commune, et l'étranger, dès qu'il a mis le pied sur le territoire français, bénéficiant de leurs dispositions, il doit, par un juste retour, respecter les règles qu'elles édictent.

Le principe d'après lequel tout Français doit connaître la loi, principe qui découle de l'application obligatoire de cette loi dans les délais qu'elle indique, ce principe se fonde sur cette idée que chacun ayant été à même de connaître la loi, qu'il use ou non de la faculté qui lui est offerte de la connaître, doit par conséquent la respecter. Mais supposons que par une circonstance accidentelle quelconque, il ait été impossible à quelqu'un de connaître la promulgation de la loi nouvelle. Le principe précédemment exposé, principe qui se justifie par les meilleures raisons, ne comportera-t-il pas une exception dans l'hypothèse que nous venons de poser? La faute qui résulte de l'ignorance de la loi ne repose que sur la possibilité qu'on avait de la connaître. Supposons une impossibilité absolue de connaître la loi ; par exemple, une personne est emprisonnée, séquestrée, ou bien retenue malgré elle loin de son pays au moment où la loi est promulguée ; rendue à la liberté, elle viole la loi nouvelle avant qu'il lui ait été matériellement possible de la connaître. Remarquons d'ailleurs, en passant, que la règle « *nemo jus ignorare censetur* » lui est toujours opposable, et que c'est à elle à apporter la preuve de l'impossibilité où elle s'est trouvée, et si cette preuve n'est pas fournie, elle retombe dans le droit commun. Mais supposons que la preuve en question soit faite. Devra-t-on, dans l'espèce susénoncée, établir une distinction entre les délits de droit naturel, c'est-à-dire ceux que la loi morale réprouve, et ceux de droit purement positif, c'est-à-dire ceux auxquels la notion du juste et de l'injuste reste étrangère ? Quelques-uns l'ont fait, mais nous la repoussons pour notre part.

On a dit que pour pouvoir invoquer cette exception, il fallait que la loi ait un caractère d'arbitraire ou de circonstance qui ne puisse être suppléé par le sentiment universel du juste. Incontestablement, en pareil cas, les raisons qui militent en faveur de l'exception seront encore plus décisives, car il était impossible à l'agent d'éviter l'erreur commise. Mais doit-on s'en tenir là et limiter cette exception à l'hypothèse d'une infraction étrangère à la notion du juste et de l'injuste ? Ne doit-on pas l'étendre même aux délits de droit naturel ? Quoiqu'on puisse dire que le sentiment du devoir moral devrait suffire pour détourner l'agent de l'accomplissement de l'infraction, cela ne suffira pas pour justifier, en pareil cas, l'application d'une loi qu'il a été matériellement impossible de connaître. « C'est l'infraction à la loi pénale, dit Haus (*Principes généraux de droit pénal belge*, tome I, page 507), et non la violation d'un devoir imposé par la morale qui constitue le délit. D'ailleurs ce ne sont pas les notions du juste et de l'injuste, mais les dispositions de la loi positive, qui nous font connaître le caractère délictueux des actions et inactions réprimées dans un intérêt purement social. Prétendrait-on qu'en vertu d'un principe de justice absolue, tout crime doit recevoir un châtiment, que le coupable ne peut donc se plaindre, si on lui fait subir la peine qu'il a méritée ? Mais notre législation n'admet point de délits naturels, de faits punissables par eux-mêmes et indépendamment de toute loi positive. Ensuite la société exerce le droit de punir, non pour réaliser le principe d'expiation, mais dans l'intérêt de sa conservation et de son bien-être. Enfin, si la loi pénale n'est obligatoire que lorsqu'elle a été dûment publiée et seulement après un certain intervalle, c'est évidemment pour que les particuliers puissent en avoir connaissance et y conformer leurs actions.

L'auteur d'un fait illicite peut donc être moralement coupable; mais l'imputabilité disparaît lorsqu'il n'a pu connaître la loi positive. »

Et d'ailleurs, la façon d'envisager la morale ne
varie-t-elle pas selon les temps, les époques, les
milieux, sous l'influence des événements, de l'édu-
cation, etc.? Nous parlons ici devant la justice humaine, dont l'œuvre est par avance circonscrite et
ne doit pas sortir du domaine que le législateur lui a
assigné; elle doit avertir avant de frapper. Prenons
un exemple : la traite des noirs, à coup sûr condamnable en morale, a été cependant longtemps
admise par toutes les nations civilisées; elle était
l'objet de traités internationaux et était même ré-
glementée par le pouvoir civil. Une loi vient à la
supprimer. Supposons un navire se trouvant dans
des contrées lointaines, l'équipage ignorant la promulgation de la loi nouvelle et continuant à faire la
traite. Le capitaine et ses hommes seraient-ils alors
punissables? Non, car devant la loi positive ils n'ont
commis aucune faute, et comme dit Haus, « en matière pénale, il n'y a pas de présomption irréfragable
de culpabilité, car ce serait une injustice de refuser
au prévenu, fût-il moralement coupable, le droit de
prouver qu'il ne l'est pas aux yeux de la justice humaine. On ne peut établir l'ignorance qu'en prou-
vant que la connaissance de la loi a été impossible.
S'il parvient à fournir cette preuve, il détruit la présomption légale, et son ignorance le justifie devant

la justice humaine. » Ainsi, toutes les fois que l'auteur d'un acte incriminé se sera trouvé dans une impossibilité radicale, absolue, de connaître la loi, et qu'il en apportera la preuve, sa culpabilité disparaîtra. L'esprit de la loi, joint à des considérations d'équité, doit faire admettre ce tempérament pour des cas qui se présenteront d'ailleurs très rarement.

# CHAPITRE IV

## DE L'ERREUR

---

Voyons maintenant l'erreur portant sur le fait incriminé lui-même, sur le fait matériel. Quelle sera l'influence de cette erreur commise sur la culpabilité? Je suppose tout d'abord quelqu'un agissant sans être guidé par aucune intention criminelle. On examinera dans ce cas s'il y a faute de sa part et si, dans l'hypothèse à apprécier, la faute est réprimée par la loi. Prenons, par exemple, le cas où une personne administre une substance qu'elle croit bienfaisante, et qui donne la mort à quelqu'un en administrant, au contraire, un poison. Ici la loi réprimera le fait à titre de faute non intentionnelle. Dans une autre hypothèse, quelqu'un croyant sur de sérieux motifs à la mort de son conjoint, contracte un second mariage. Sera-t-il considéré comme bigame? Non, car la loi ne punissant que la bigamie intentionnelle, y eût-il imprudence ou négligence de sa part, la culpabilité s'évanouit, la faute ne pouvant lui être imputable, n'étant pas dans ce cas réprimée par la loi.

En cas d'erreur accompagnée de faute non intentionnelle, la loi donc réprimera ou s'abstiendra
selon les cas. Si les conséquences de l'erreur ont
une certaine gravité, et si, d'autre part, avec plus
d'attention, moins de négligence, elles pouvaient
être évitées, la loi pénale pourra rationnellement
réprimer l'erreur de fait, car elle proviendra alors
de la faute de l'agent. Aucun principe général n'a
d'ailleurs été posé par la loi à cet égard.

Si l'erreur s'est produite sans qu'aucune faute
puisse être reprochée à l'agent, on peut alors assimiler ce cas à celui de la force majeure qui, détrui-
sant la volonté, fait disparaître toute espèce de
culpabilité, et il n'y a pas, à cet égard, à faire de
distinction entre les différentes classes d'infractions.
Les contraventions de police, aussi bien que les
crimes et les délits, seront à l'abri de toute répression s'il y a eu erreur commise sans qu'aucune
espèce de faute l'ait accompagnée. Il est certain,
d'ailleurs, qu'en matière de contravention, on ad-
mettra difficilement l'absence de toute espèce de
faute ; ce cas se rencontrera cependant, par exemple,
si une personne passe devant l'octroi d'une ville
sans déclarer un objet frappé d'un droit d'entrée
qu'on a mis dans sa voiture à son insu. Il y a ici
une erreur invincible qui fait évanouir la culpabilité.

Supposons maintenant un fait commis dans une
intention criminelle. L'erreur a eu lieu quant à

l'élément constitutif de l'infraction elle-même : par exemple, quelqu'un voulant empoisonner une autre personne, lui administre une substance inoffensive; ou bien une personne, croyant voler la chose d'autrui, enlève sa propre chose. Ici, la criminalité disparaît, l'élément essentiel qui la constitue faisant totalement défaut; l'erreur dans ces divers cas n'engendrera aucune culpabilité; il y a bien eu intention coupable en vérité, mais l'élément matériel de l'infraction manque, et l'intention coupable isolée ne peut suffire pour constituer une infraction. Mais si l'erreur commise ne porte pas sur un élément fondamental, essentiel, du délit, si elle n'est qu'accessoire, si, par exemple, elle ne porte que sur la personne ou la chose objets de l'infraction, par exemple, si quelqu'un croyant frapper Pierre a frappé Paul, ou voulant incendier la maison de l'un a incendié la maison de l'autre. Dans ces deux hypothèses, l'infraction est complète; l'élément moral et l'élément matériel qui l'établissent se trouvent réunis; l'erreur commise, quant à l'élément matériel, ne porte que sur son individualité, et cet élément n'en subsistant pas moins, il y a alors infraction.

### § 1er. — De l'ignorance des circonstances aggravantes.

La loi pénale prévoit et définit un certain nombre de circonstances aggravantes qui influent sur la

culpabilité et entraînent dans la répression de l'infraction une peine plus forte que celle dont cette
dernière serait frappée si elle se trouvait dépouillée
de ces circonstances qui peuvent même, dans certains cas, en changer la qualification. La plupart de
ces circonstances aggravantes ne peuvent être
écartées, sous prétexte d'ignorance de l'auteur du
fait incriminé auquel elles se rattachent. L'ignorance de ces circonstances ne serait, le plus souvent, pas autre chose que l'ignorance de l'article de
la loi qui leur attribue ce caractère. On conçoit
néanmoins certaines circonstances aggravantes sub-
jectives, c'est-à-dire se rattachant, non au fait matériel incriminé, mais à la culpabilité individuelle, qui
pourront être ignorées de l'auteur de l'infraction.
Comme ces circonstances sont strictement personnelles à l'inculpé, c'est-à-dire fondées, non sur la
nature de l'acte, mais sur la personnalité de l'auteur
par rapport, soit au fait lui-même, soit à la victime
du crime commis, on conçoit que si ce dernier les
ignore, on ne puisse lui faire supporter les conséquences qu'elles entraînent. Supposons, par
exemple, un parricide dans lequel le meurtrier
ignorait que sa victime était son père, un serviteur
qui vole son maître, croyant avoir affaire à un
étranger. Dans ces deux cas, la criminalité de
l'agent ne s'aggrave et ne peut s'aggraver équitablement qu'autant qu'il avait connaissance de la
circonstance aggravante relevée contre lui. Le

parricide n'est puni plus sévèrement que par cette raison qu'il a violé des sentiments, le voleur domestique ne l'est également que parce qu'il a méconnu des devoirs que l'un et l'autre devaient connaître, pour être à même de les peser, avant de mériter l'aggravation de la peine. S'ils ignorent l'un et l'autre le lien particulier qui les unit à leur victime, cette culpabilité particulière s'évanouit, et l'infraction reprend son caractère et sa portée ordinaires. Cette règle que la logique et l'équité imposent a été formulée par l'article 59 du Code pénal allemand, ainsi conçu : « Lorsque l'auteur d'un acte punissable ignorait l'existence des circonstances qui en constituent le caractère délictueux ou qui en aggravent la criminalité, ces circonstances ne lui seront pas imputées. A l'égard des actes involontaires commis par négligence ou imprudence, cette disposition n'est applicable qu'autant que l'ignorance n'est pas elle-même le résultat d'une négligence ou d'une imprudence. »

Nous disions, tout à l'heure, que l'ignorance des circonstances aggravantes était, quant à la plupart d'entre elles, inadmissible ; par exemple, un fonctionnaire ne peut pas alléguer qu'il ignorait sa qualité de fonctionnaire ; un voleur de nuit, sur un chemin public, ne pourra pas trop prétendre qu'il ignorait qu'il fît nuit, que le chemin fût public. Tout cela s'explique très bien quant à l'auteur principal ou aux auteurs principaux, mais l'ignorance se conçoit parfaitement de la part des complices, et c'est alors que se pose la question de savoir si les circonstances aggravantes doivent réagir sur leur culpabilité. Nous donnerons, en deux mots, la solution dont la discussion rentre plutôt dans une étude de la complicité.

On admet, en se fondant sur l'article 59 et les explications du législateur, et sur l'article 63 qui vise le complice par recel, que les circonstances aggravantes réelles réagissent sur la culpabilité du complice, qu'il les ait ou non connues ; l'ignorance qu'il alléguera au sujet de ces circonstances ne l'affranchira pas de l'aggravation de la peine, sauf, bien entendu, l'exception posée par l'article 63. Quant aux circonstances aggravantes personnelles, il nous paraît nécessaire que le complice ait connu la qualité d'où découle l'aggravation pour qu'on puisse lui faire subir cette aggravation même, et cela d'autant mieux que l'auteur principal lui-même peut échapper à leur influence, s'il prouve sa propre ignorance ; le complice, évidemment, ne saurait être traité plus durement que lui.

### § 2. — Des conséquences dépassant l'intention.

On lit dans la loi « *Cornelia de sicariis et vene-ficiis* » cet adage de l'empereur Adrien : « *In male-ficiis voluntas spectatur, non exitus.* (Digeste,

livre XLVIII, titre VIII, loi 14.) Cela peut être vrai
en morale, mais il est bien difficile d'en admettre
les conséquences au point de vue pénal. Les suites
du délit, les résultats plus ou moins fâcheux qu'il
entraîne pour celui qui en est victime ou pour le
public, ne peuvent rester sans influence sur la
mesure de la culpabilité, et ce seront autant de
causes qui porteront à l'indulgence ou à la sévérité.
L'intention n'est pas seule considérée en droit
pénal ; nous savons déjà quel rôle important l'utilité
sociale, la nécessité publique, jouent dans un système pénal ; comme corollaire de ces deux bases
de la répression, on conçoit que le mal occasionné,
la gravité du préjudice subi, entrent sérieusement
en ligne de compte dans l'appréciation de la culpabilité, à condition toutefois que l'acte qui a pu les
causer soit imputable à l'agent, et nous savons
qu'en principe l'intention n'est pas nécessaire pour
constituer l'imputabilité.

Comment donc calculer cette imputabilité dans
les délits dont les conséquences ont dépassé l'intention de l'agent : par exemple, quand voulant seulement le blesser, il a tué quelqu'un, ou bien quand
une personne met le feu à une habitation et en
brûle une autre qu'elle ne savait pas se trouver dans
l'édifice? On peut réprimer de deux façons ces conséquences involontaires de la part de l'agent. Les
punira-t-on comme s'il les avait eues réellement en
vue, ou bien simplement à titre de faute non inten-

tionnelle? Enfin doit-on complètement les écarter dans l'appréciation de la culpabilité?

L'acte dont les conséquences dépassent l'intention peut se décomposer en faute intentionnelle et en faute non intentionnelle. Si les deux fautes constituent deux infractions différentes, c'est-à-dire si la faute non intentionnelle ayant produit des conséquences inattendues est elle-même réprimée par la loi, on devra alors, entre les deux peines, choisir la plus forte. Supposons, par exemple, une personne chassant en temps prohibé et tirant un coup de fusil qui blesse ou tue un homme; nous nous trouvons alors en présence de deux délits, le délit de chasse, qui est intentionnel, et le délit d'homicide par imprudence, conséquence dépassant l'intention, faute non intentionnelle. Dans ce dernier cas, la faute non intentionnelle, la conséquence dépassant l'intention constituant un délit propre, le juge n'aura plus qu'à appliquer la plus forte des deux peines qui répriment le délit double qu'il doit réprimer.

Souvent l'acte accompli par l'agent a des conséquences tellement fatales, tellement nécessaires, qu'on ne posera même pas la question de savoir si l'agent les a voulues; ces conséquences ont eu à ses yeux un tel caractère d'évidence qu'il sera absolument inadmissible de sa part de prétendre qu'il n'a pas cherché à les produire. Par exemple, un individu porte à un autre un coup fatalement mortel, tel qu'un coup de poignard au cœur; il ne sera pas

reçu à prétendre qu'il n'a pas voulu lui donner la
mort et sera puni comme meurtrier. En admettant
même que l'acte accompli par l'agent n'entraîne pas
comme conséquence fatale, nécessaire, celle qui a
été produite, il suffit que cette conséquence soit
usuelle, probable, pour qu'on l'impute à son auteur
et qu'il soit puni comme l'ayant voulue, lors même
qu'il dénierait l'intention d'avoir voulu la produire.
Par exemple, quelqu'un tire un coup de feu sur une
personne et prétend n'avoir voulu que la blesser ;
quelqu'un incendie une maison habitée et prétend
n'avoir pas voulu causer la mort des personnes qui
s'y trouvaient. Ils seront l'un et l'autre punis comme
meurtriers, la mort qu'ils ont causée ayant eu à
leurs yeux un caractère de probabilité et d'évidence
que leurs dénégations ne pourront détruire. Ici le
crime commis est considéré comme intentionnel.
Lors même que l'agent n'aurait voulu la mort de
personne, qu'il n'aurait cherché qu'un résultat
moins préjudiciable, il suffit qu'il ait su que son action pouvait, selon toute probabilité, entraîner une
lésion plus grave, pour qu'on décide qu'il ait voulu
éventuellement celle-ci. Il a couru le risque de la
produire plutôt que de s'abstenir, de renoncer au
projet par lui conçu ; il a donc envisagé la réalisation éventuelle de cette conséquence, et n'ayant pas
reculé devant cette éventualité, il doit en porter la
responsabilité tout entière et recevoir le châtiment
dont la loi l'a frappé. Dans une espèce de ce genre,

le Code pénal belge apporte un tempérament à la règle que nous venons de poser. Cette exception, qui n'existe pas dans notre loi et pourrait y figurer à juste titre, est ainsi formulée dans l'article 349 : « Quand l'avortement d'une femme a été causé par des violences exercées volontairement, mais sans intention directe de le produire, le coupable, lors même qu'il a connu l'état de la femme, est puni moins sévèrement que s'il avait voulu faire avorter celle-ci. »

Si l'on suppose, au contraire, des conséquences improbables aux yeux de l'agent, inattendues de sa part, il serait injuste de l'en punir comme s'il les avait cherchées. Par exemple, un individu porte à un autre des coups qui, contrairement à toutes prévisions, entraînent la mort de celui qui les a reçus; une personne incendie une maison qu'elle croyait inhabitée et cause ainsi la mort de ceux qui s'y trouvaient accidentellement. Il y aurait excès de sévérité de punir comme meurtrier l'auteur involontaire de la mort qu'il a ainsi causée et qu'il n'avait pas l'intention de produire. D'autre part, la justice ne saurait rester indifférente en face du malheur qu'il a ainsi occasionné, sinon par intention, à coup sûr par sa faute : faute de n'avoir pas prévu et pesé toutes les conséquences possibles de l'acte qu'il allait commettre, alors que la possibilité, même très improbable, de ces conséquences, se présentant à ses yeux, aurait dû lui commander

de s'abstenir. On mettra donc à sa charge la faute
commise, qui viendra se joindre à la culpabilité de
l'infraction qu'il a eu réellement l'intention de commettre ; cette faute, entrant alors comme nouvel
élément, augmentera d'autant la culpabilité et sera
réprimée à titre de faute non intentionnelle. Les
conséquences produites entreront ainsi en ligne de
compte à titre de circonstances aggravantes, l'agent
étant en faute de ne pas les avoir prévues. C'est ce
que fait, par exemple, le Code pénal dans son article 309, où, après avoir puni de la prison les coups
et blessures volontaires, il frappe de la peine des
travaux forcés à temps les coups et blessures volontaires ayant occasionné la mort sans intention de
la donner. L'agent, dans ce cas, sans être puni
comme meurtrier, est frappé plus sévèrement en
raison des conséquences de son action. Par contre,
dans le dernier paragraphe de l'article 437, la loi
punit les conséquences de l'acte incriminé comme
si l'agent les avait causées volontairement. Il y a
dans cet article excès de sévérité. On remarquera
que dans les deux hypothèses que nous venons de
citer le législateur ne suit pas une règle fixe. La solution de l'article 309 nous paraît la seule rationnelle dont le législateur doive s'inspirer en pareils
cas.

Reste à examiner l'hypothèse où l'agent a commis
l'infraction au risque de toutes les conséquences
qui peuvent en être la suite. Ici l'intention est ce

qu'on appelle indéterminée ; le délinquant ne pour-
suit aucun but fixe, déterminé, mais sans vouloir
directement tel ou tel résultat, il en admet la réalisation éventuelle. Tel est le cas où une personne
délaisse un enfant au-dessous de sept ans (art. 351),
où quelqu'un dérange une voie ferrée (loi 15 juillet
1845, art. 16). C'est avec raison qu'on impute alors
à l'agent toutes les conséquences que ses actes ont
pu produire et qu'on le punit comme s'il les avait
voulues. Son intention, en effet, tout indirecte
qu'elle est, s'est portée sur ces conséquences ; il a
voulu indirectement les produire.

Une restriction doit être apportée quant à l'application de cette règle, qui ne doit pas être étendue
rigoureusement à toutes les conséquences de l'acte
accompli par l'agent ; il faut qu'il ait été la cause
déterminante des conséquences dont on lui impute
la criminalité. Si elles ne sont qu'occasionnelles, si
elles sont le fait d'une autre personne, qui, il est
vrai, n'a agi qu'en raison de l'occasion qu'offrait à
elle l'initiative de l'inculpé, on ne saurait néanmoins l'en rendre responsable, bien qu'elles
n'eussent point eu lieu sans lui. On ne peut équitablement lui imputer des actes qui sont l'œuvre
d'autrui et dont il n'a pas eu l'intention même indirecte. Par exemple, dans une émeute, des crimes
sont commis par quelques individus ; on ne peut
pas en rendre responsables les chefs de l'émeute
qui n'y ont pas participé, qui, peut-être même, se

sont efforcés de les prévenir. C'est d'ailleurs le résultat de la faute par eux commise ; il est certain que leur culpabilité en est aggravée dans une certaine mesure ; il est certain que ces conséquences pèseront sur eux à titre de faute non intentionnelle ; on les considérera comme des circonstances aggravantes, sans toutefois leur infliger la peine directe qui les réprime quand elles ont été causées intentionnellement.

A ce même ordre d'idées précédemment développées se rattache encore la responsabilité à laquelle une personne peut être tenue à l'occasion des faits d'autrui. Non seulement certains faits peuvent avoir été commis sans l'aveu d'une personne, mais elle a pu les ignorer complètement, et néanmoins ces faits seront mis à sa charge. Cette responsabilité incombe par exemple au patron, au maître, au chef de famille, punissables quant aux actes de leurs employés, serviteurs, ou des membres de leur famille, cette responsabilité, d'ailleurs, se réduisant aux contraventions que ceux-ci ont pu commettre, et cela dans les conditions et limites déterminées par la loi. Il peut y avoir cependant de la part du patron, du maître, du chef de famille, défaut absolu d'intention, ignorance complète ; la responsabilité qui pèse sur eux est fondée sur l'autorité qu'ils possèdent, sur la surveillance qu'ils doivent exercer vis-à-vis de leurs employés, domestiques et enfants ; elle se justifie par la négligence,

l'imprudence, l'inattention, l'oubli de leurs devoirs
de maître et de chef, la violation de certains règlements particuliers auxquels ils peuvent être
astreints. Cette responsabilité repose donc sur leur
faute, le plus ordinairement dans ces divers cas,
non intentionnelle ; d'où cette conclusion première
que là, comme presque partout où la faute non
intentionnelle est punie, la culpabilité sera toujours
restreinte et ne sera jamais punie que de peines
d'un degré inférieur, et cette autre conclusion, que
toutes les fois qu'aucune faute personnelle ne
pourra être mise à la charge du chef de famille ou
du patron, leur responsabilité sera dégagée et
aucune peine ne pourra les frapper.

# CHAPITRE V

## DE LA PREUVE DE L'INTENTION

Si nous examinons ce que dit la loi civile en matière d'intention, on voit que le Code civil, dans son article 1116, décide que le dol ne se présume pas et doit être prouvé, et dans son article 2268 il ajoute : « que la bonne foi est toujours présumée, et c'est à celui qui allègue la mauvaise foi à la prouver. » Voilà le principe posé par la loi civile. Quelle est la mesure de son application en droit pénal ? On répond volontiers que la culpabilité ne se présume pas, et qu'avant d'appliquer la loi pénale, on doit nécessairement la prouver ; mais comment se fera cette preuve ? La plus manifeste, à coup sûr, serait le propre aveu de l'accusé, si celui-ci reconnaissait qu'il était mû par une intention coupable dans l'accomplissement des actes incriminés. Cet aveu, qui fait souvent défaut dans la pratique, peut même, dans certains cas, se trouver insuffisant. Comment dès lors arriver à une certitude ?

Nous savons que toute infraction se décompose en deux éléments indissolubles, l'élément matériel, le fait considéré en lui-même, et l'élément moral, c'est-à-dire le fait interne sur lequel se fonde la culpabilité de l'agent. C'est dans ce second élément que se range l'intention. Cette dernière étant d'un ordre purement moral, on conçoit que si l'on en exigeait la preuve absolue, on pourrait dire que cette preuve est impossible à fournir ; aussi, dans l'immense majorité des cas, on la fondera sur le lien si étroit qui unit l'élément matériel à l'élément moral. La preuve découlera de la simple constatation matérielle des faits incriminés ; on remontera de l'effet à la cause, et de la seule existence des faits on conclura à l'existence de l'intention qui les a fait naître. De là résultera une certitude suffisante pour qu'on puisse être convaincu de la culpabilité intentionnelle de l'agent et la réprimer par application de la loi pénale.

Le plus souvent le lien qui unit l'intention au fait matériel est tellement étroit, que la seule constatation de l'acte accompli par l'agent emporte la conviction complète de l'existence de l'intention. *Res ipsa in se dolum habet.* (Digeste, livre XLV, titre I, loi 36.) Une foule d'actes, en effet, ne peuvent s'expliquer de deux façons différentes : une personne en tue une autre en la frappant avec une arme quelconque ; un individu pénètre avec effraction dans une maison et y dérobe des objets. Dès que ces

faits seront prouvés, on aura démontré par là
même l'intention qui y a présidé. Il est absolument
superflu de sonder les sentiments qui ont pu guider
l'auteur de ces actes; fatalement ils emportent la
présomption de l'intention criminelle qui les a for-
cément accompagnés. La preuve, en pareil cas,
comme presque toujours d'ailleurs, ne peut guère
résulter que des faits eux-mêmes, l'intention, circonstance d'ordre purement moral, fait intime du
domaine de la conscience de l'agent, échappe à toute
perception humaine et ne peut être établie qu'indirectement, qu'en raison du lien qui l'unit à des faits
matériels que l'homme a la possibilité de percevoir
et d'analyser.

Si la bonne foi doit faire acquitter l'agent, quand
son existence est controuvée par les faits matériels
qui constituent l'infraction, c'est à l'agent à en
apporter la preuve et à détruire la présomption qui
s'attache aux faits eux-mêmes.

Mais le lien qui unit le fait matériel et l'intention
dolosive n'est pas toujours aussi étroit, aussi nécessaire que dans les exemples précédemment cités;
il pourra parfois n'être pas suffisant pour déterminer la certitude, entraîner la conviction qui seule
justifie le châtiment du coupable. Alors, à côté du
fait matériel lui-même, viennent se grouper une
série de circonstances accessoires, qu'il sera du
devoir du juge de peser et d'apprécier; leur examen
pourra parfois attester l'intention criminelle de

l'agent qui, dans le cas contraire, devra bénéficier du doute existant.

Supposons, par exemple, qu'une personne soit accusée d'en avoir empoisonné une autre. Suffira-t-il de prouver le fait matériel, c'est-à-dire de prouver qu'elle lui a fait absorber une substance toxique, pour conclure qu'elle a intentionnellement donné la mort à sa victime? Non assurément, car le fait peut être soit accidentel, soit le résultat d'une négligence ou d'une imprudence. En matière de faux, on conçoit à merveille que le faux, fait matériel, peut très vraisemblablement être le résultat d'une erreur, de la négligence, de l'inattention. Ou bien, dans les cas précités, l'acte lui-même peut avoir été volontaire, intentionnel; mais les substances peuvent avoir été administrées sans intention de donner la mort; le faux peut avoir été commis sans intention frauduleuse. C'est de l'ensemble des circonstances qui ont précédé ou accompagné les faits eux-mêmes que résultera la preuve de l'intention coupable, nécessaire pour en constituer la criminalité Ces circonstances devront d'ailleurs être significatives, et pour qu'on puisse en induire logiquement et équitablement la résolution criminelle, il faut que l'explication qu'on en donne soit la seule possible et plausible, quand c'est sur elle que l'on fonde la preuve de l'intention.

Ajoutons que dans les infractions qui existent indépendamment de toute intention délictueuse,

aucune preuve ne doit naturellement être fournie;
il suffira d'établir le fait matériel en lui-même;
mais si la preuve de l'intention n'est pas nécessaire,
celle de la faute non intentionnelle devra être
apportée; cette preuve tantôt résultera, comme
pour l'intention, de la simple existence du fait incriminé, tantôt de l'examen et de l'analyse des circonstances qui l'accompagnent.

# CHAPITRE VI

————

A Rome, la distinction entre le délit intentionnel
et le fait commis sans intention criminelle avait été
fréquemment posée soit par la loi, soit dans les
écrits des jurisconsultes. Déjà, sous Numa Pom-
pilius, alors que des peines sévères étaient prononcées contre l'homicide commis de dessein prémédité, les personnes coupables d'homicide par
imprudence devaient simplement offrir dans l'as-
semblée du peuple un bélier pour le mort et ses
enfants, coutume renouvelée des Grecs. Les jurisconsultes romains distinguaient entre les délits
commis « *proposito, impetu, casu,* » etc. La loi
Aquilia spécifie catégoriquement qu'elle réprime
même la faute non intentionnelle. Quant à la faute
lourde, qu'en matière civile on assimilait au dol,
cette assimilation n'avait pas lieu en matière criminelle; le dol étant l'intention frauduleuse proprement dite.

L'ancienne jurisprudence s'était inspirée des

textes romains pour édifier une théorie pénale sur
l'intention et la faute simple dégagée de l'élément
intentionnel. Empruntant aux jurisconsultes romains
certaines de leurs expressions, elle avait tenté de
classifier méthodiquement tous les genres d'infractions et d'y faire correspondre une échelle de
peines réprimant tel ou tel groupe de crimes et
délits. Cette subtilité d'analyse, pour ne pas man-
quer d'ingéniosité ou même parfois d'exactitude, n'en
était pas moins inutile et dangereuse; elle embar-
rassait et enchaînait le juge, qui ne pouvait se mouvoir avec liberté dans des limites assez larges en se
basant avant tout sur l'appréciation individuelle de
chaque fait, sans se soucier de la catégorie exacte
dans laquelle il devait le faire rentrer, problème
souvent fort délicat, étant donné la multiplication
exagérée de ces catégories. C'est ainsi que les jurisconsultes anciens distinguaient le dol présumé, le
dol général, indéterminé, etc., et voulaient établir
dans le dol et la faute une graduation tripartite,
alors que les divers degrés de dol et de faute sont
infinis dans l'immense variété des cas que le juge
doit apprécier individuellement. Sous l'influence
du droit canon, de la scolastique du temps, les
jurisconsultes, oubliant que la culpabilité individuelle dans son infinie diversité ne saurait se plier
à une classification méthodique, tombaient dans
l'excès contraire de l'arbitraire des peines.

L'homicidiaire par imprudence échappait à la

répression, mais il devait, pour cela, obtenir du prince des lettres de rémission, mesure avant tout fiscale. Sur tous ces points, d'ailleurs, les anciennes ordonnances restaient muettes et ne contenaient rien de réglementaire; elles se bornaient à traiter des lettres de rémission.

Dans la législation intermédiaire, c'était au juge à apprécier l'intention pour tout ce qui concernait les délits correctionnels et de simple police; aucune règle fixe n'était posée à cet égard; cela rentrait dans l'appréciation de la culpabilité des délinquants. En matière criminelle, il en était autrement; une règle spéciale avait été posée touchant l'intention quant aux questions à poser au jury. La loi des 16 et 29 septembre 1791, dans sa seconde partie intitulée : « De la justice criminelle et de l'institution des jurés, titre VII, articles 21 et 26, » voulait que les questions relatives à l'intention et résultant, soit de l'acte d'accusation, soit de la défense de l'accusé ou des débats, fussent posées aux jurés, qui étaient tenus d'y répondre d'une manière spéciale. Cette même loi, par son article 2, titre VIII, voulait que l'accusé fût acquitté et mis sur-le-champ en liberté, si le jury déclarait que le fait avait été commis sans intention de nuire. La loi de 1791 était complétée par un décret en forme d'instruction pour la procédure criminelle, destiné à en faciliter l'application. Ce décret, en date du 29 septembre, disait : « Mais la loi a encore porté plus loin sa prévoyance, et comme c'est l'intention qui fait le crime, elle a voulu que les jurés, quoique certains du fait matériel, et connaissant son auteur, puissent scruter les motifs, les circonstances et la moralité du fait. Un délit involontaire ou commis sans intention de nuire ne peut être l'objet d'une punition. Ils examineront (les jurés), est-il dit plus loin, la moralité du fait, c'est-à-dire les circonstances de volonté, de provocation, d'intention, de préméditation, qu'il est nécessaire de connaître pour savoir à quel point le fait est coupable, et pour le définir par le vrai caractère qui lui appartient. »

Le Code de brumaire an iv voulait pareillement, par ses articles 374 et 393, que les questions sur la moralité du fait, c'est-à-dire intentionnelles, résultant de l'acte d'accusation, de la défense de l'accusé ou des débats, fussent posées aux jurés, qui étaient tenus d'y répondre également d'une manière spéciale, et l'article 425 de ce Code voulait, comme la loi de 1791, qu'il y eût acquittement et mise immédiate en liberté, lorsque le jury avait déclaré qu'il n'y avait point eu intention de nuire. Ainsi une première question était posée : « Tel fait est-il constant ?.... ; » une seconde : « L'accusé est-il convaincu de l'avoir commis ?.... » Venaient ensuite les questions relatives à l'intention, comme, par exemple : « Le fait dont l'accusé a été déclaré convaincu a-t-il été commis avec intention de nuire ? » Cette question d'intention avait amené de nombreux abus. On

arrivait à confondre l'intention criminelle et le
mobile du crime; les réponses du jury étaient parfois inexplicables, contradictoires. Les inconvénients qui en résultaient déterminèrent le législateur
à supprimer ces questions, mais uniquement en
raison de ces inconvénients mêmes : « Combien de
fois, dit M. Faure dans l'exposé des motifs, est-il
arrivé que le jury, ne sachant comment résoudre une
question si étrange, a donné le scandale de faire
rentrer dans la société celui qui devait en être exclu
à jamais, etc. » Mais si les inconvénients que ces
questions entraînent en motivent la suppression, la
question d'intention n'en doit pas moins être appré-
ciée et examinée par le jury : « Personne ne peut
nier, dit M. Riboud dans son rapport sur le titre II,
livre II du Code d'instruction criminelle, le principe qui a fait introduire la question intentionnelle;
il est certain qu'il n'y a pas de crime où il n'y a pas
eu intention de le commettre; mais cette intention
se trouvant toujours positivement ou implicitement
consignée dans l'acte d'accusation qui servira de
base aux questions, le jury s'en expliquera (du
moins indirectement) en donnant l'affirmative ou
la négative sur la question générale. Il est donc
inutile de l'interroger spécialement sur l'intention. »

Sous l'empire de la législation actuelle tout se
résume dans une question unique. La question
d'intention est comprise dans celle de culpabilité

que le jury doit résoudre et dont elle est le principal élément. Les trois ordres de questions sont
fondus en un seul : « L'accusé est-il coupable
d'avoir, etc?.... » Ainsi sont évités les abus qui
résultaient du système antérieur, les réponses
contradictoires qui se produisaient et les verdicts
choquants et scandaleux qui en étaient la suite.

# CHAPITRE VII

## DE L'INTENTION DANS LA LÉGISLATION POSITIVE

Maintenant que nous avons examiné théorique-
ment le rôle joué par l'intention en matière pénale,
et rapidement esquissé son historique, on peut et
on doit se demander ce qu'est l'intention dans la
législation positive, comment l'ont réglée le Code
pénal et les lois qui s'y rattachent.

Disons tout d'abord, à cet égard, qu'aucune règle
générale n'a été posée par le Code ; nulle part on
ne trouve d'article visant uniquement et spécialement l'intention, soit comme élément constitutif,
soit comme circonstance aggravante des infractions
pénales. Donc pas de règle commune à l'ensemble
des infractions qu'il réprime. Si l'on veut en poser
une et rechercher quels sont là-dessus le système du
Code et la pensée du législateur, il faut examiner et
analyser les dispositions spéciales où la loi vise
l'intention, en dégager le principe et la règle qui
ont guidé le législateur, et cet examen et cette

analyse accomplis, formuler alors en quelque sorte
l'esprit du Code et des lois pénales.

Si l'on voulait tracer à grandes lignes l'ensemble
du Code pénal, on verrait qu'une certaine catégorie
de faits sont punis uniquement en raison de l'intention : c'est la presque totalité des crimes, la majorité
des délits et quelques contraventions de simple
police. Dans ces divers cas, l'intention mise de côté,
il peut y avoir faute et préjudice, mais cette faute
et ce préjudice ont un caractère si accessoire, que
la loi les néglige. D'autres fois, le préjudice est si
grand, que la loi le réprime, qu'il ait été produit ou
non avec intention, la culpabilité d'ailleurs augmen-
tant ou s'amoindrissant selon que l'intention existe
ou est absente, par exemple : l'homicide, l'incendie.

Ailleurs, la loi sévira indépendamment de toute
intention coupable, comme dans la plupart des
contraventions de police et un certain nombre de
délits. Ces faits naissent le plus souvent d'un simple
oubli, de négligence, d'inattention, et ces seules
raisons suffisent pour qu'on les réprime, car si l'on
exigeait plus, ils ne seraient que très rarement
répréhensibles.

En ce qui concerne les infractions particulières,
où la loi parle de l'intention, en fait un élément
constitutif, nécessaire de cette infraction, il n'y a
aucun doute, aucune controverse possibles ; il suffit
de se reporter à la définition même de la loi. L'in-

tention est alors mentionnée dans des termes bien différents : « *Volontairement, sciemment, frauduleusement, méchamment, avec connaissance, dans le dessein de nuire,* » telles sont les expressions dont se sert tour à tour la loi pénale. D'autres fois, le Code emploiera le terme « coupable, » par exemple dans l'article 361, où il est dit : « Quiconque sera coupable de faux témoignage en matière criminelle, soit contre l'accusé, soit en sa faveur, sera puni de la peine de la réclusion. » Il est évident que le mot « coupable » est ici synonyme d'intention, que la loi a voulu viser par là celui qui a produit intentionnellement un faux témoignage ; et dans cette hypothèse, on conçoit très bien que la loi ait spécifié l'intention, une fausse déclaration non intentionnelle pouvant facilement avoir lieu.

En dehors de ces expressions diverses par lesquelles la loi vise et exige l'intention, il arrivera aussi qu'elle gardera le silence à cet égard, sans que cependant aucun doute sérieux puisse s'élever sur la question. Il est des cas, en effet, où la volonté proprement dite et l'intention sont si étroitement unies, c'est-à-dire où le fait matériel ne peut se concevoir séparé de l'intention, qu'il était inutile de la mentionner.

Ainsi, par exemple, l'article 406 dit : « Quiconque aura abusé des besoins, de la faiblesse ou des passions du mineur, etc. » Il n'était nul besoin, à coup sûr, de dire : « Quiconque aura volontairement ou

intentionnellement abusé des besoins, etc. » Ici,
comme dans beaucoup d'autres articles, l'élément
intentionnel résulte de la définition même de la
loi, l'infraction telle que la loi la définit ne pouvant de sa nature se concevoir sans l'intention.

Quand le Code emploie une de ces expressions
susénoncées, il le fait surtout dans les cas où il
s'agit d'actes qui pourraient se produire sans mauvaise intention. Tels sont, par exemple, l'article 251
qui punit le bris de scellés, l'article 317 qui punit
l'administration de substances nuisibles, l'article 319,
la soustraction frauduleuse, etc. Tous les faits que
nous venons de citer peuvent avoir été commis
sans intention criminelle ; c'est donc une circonstance essentielle, un élément nécessaire, indispensable de l'infraction que la loi devait prévoir et
relever.

Ailleurs le Code, à propos du même acte, établira
une distinction entre le cas où il aurait été accompli
avec intention, et celui où il l'aurait été sans intention, le punissant alors dans ce dernier cas moins
sévèrement que dans le premier. Ainsi, dans les
articles 237, 238, 239, 240, qui visent l'évasion de
détenus, les articles 295 et suivants, auxquels on
oppose l'article 319 qui prévoit l'homicide par
imprudence ; les articles 254 et 255 qui, en matière
de destruction et d'enlèvement de pièces, punissent de peines différentes le dépositaire simplement
négligent et le dépositaire coupable.

Dans tous les cas précités, aucun doute ne s'élève; l'intention est exigée soit implicitement, soit explicitement par le législateur; mais dans les articles où la loi garde le silence à cet égard, alors que la définition même de l'infraction ne comporte pas absolument l'existence de l'intention délictueuse, que devra-t-on décider? Si l'on veut poser un principe général applicable aux cas où le législateur reste muet sur la question, dira-t-on que là où la loi garde le silence, ce silence doit s'interpréter en ce sens que la condition de l'élément intentionnel n'est pas exigée? Dira-t-on, au contraire, qu'en principe l'intention est un élément nécessaire, constitutif de l'infraction, et qu'en l'absence de toute mention dans la définition que donne la loi, l'intention est nécessaire pour constituer l'infraction? Ce problème d'une importance considérable, parfois d'une solution fort délicate, se pose journellement dans la pratique, en ce qui concerne l'application des articles du Code pénal et surtout des nombreuses lois spéciales qui le complètent.

Les termes de la loi, la définition qu'elle donne, peuvent être parfois insuffisants pour qu'on puisse discerner la volonté du législateur; si l'on veut alors poser un principe rationnel qui puisse guider le juge dans l'appréciation individuelle des cas qui s'offrent à lui et qu'il a mission de juger, il importe tout d'abord de faire une distinction essentielle

entre les trois ordres d'infractions, crimes, délits
et contraventions de simple police.

## § 1er. — De l'intention dans les crimes et délits.

Prenons d'abord les deux premiers ordres d'infractions, les plus élevés dans l'échelle pénale, les
crimes et les délits, les plus importants par la
valeur des intérêts qu'ils protègent et la gravité des
peines qui les répriment. Le caractère même de la
répression conduit logiquement à penser que le
législateur a voulu surtout en matière de crimes
et délits, réprimer le fait intentionnel; la sévérité
dont il use autorise à le croire, et l'on peut dire
qu'en règle ordinaire, l'intention est nécessaire pour
constituer les crimes et les délits. Règle ordinaire,
disons-nous, mais pas règle absolue. En dehors des
cas où le Code spécifie catégoriquement qu'il punit
le simple fait non intentionnel, il en est d'autres où
la nature même de l'acte incriminé, le but évident
que le législateur s'est proposé, nous conduisent
rationnellement à conclure que la loi a entendu
punir l'acte même non intentionnel par le seul fait
de son accomplissement.

La loi pénale édicte à la fois des prohibitions et
des ordres; tantôt elle défend, tantôt elle ordonne.
C'est spécialement dans ce dernier cas que l'on doit
décider en s'inspirant de la pensée évidente du législ-

lateur, que l'élément intentionnel n'est pas nécessaire pour constituer l'infraction. Quand la loi nous oblige à faire quelque chose sous la sanction d'une peine, toutes les fois qu'aucune impossibilité n'a mis obstacle à l'exécution de l'obligation à nous imposée, le seul fait de ne pas l'avoir remplie, par oubli, négligence ou inattention, nous rendra, en général, passibles des peines établies. Tels sont, par exemple, les articles 346 et 347 punissant ceux qui omettent de faire à l'officier de l'état civil les déclarations prescrites par l'article 56 du Code civil. Le Code punit évidemment ici la simple négligence. On remarquera que les peines qui frappent les omissions de ce genre sont, en général, modiques, et dans le cas cité comme exemple, il est certain que si le Code avait voulu punir la faute intentionnelle, le fait de priver volontairement un enfant de son état civil et des droits qui y sont attachés aurait emprunté à l'intention un tel caractère de gravité, que la loi l'aurait à coup sûr frappé plus sévèrement. L'intérêt très grand qui s'attache à ce que les enfants qui viennent au monde soient pourvus d'un état civil a décidé le législateur à punir même la simple négligence par laquelle ils en seraient privés.

Mais quand la loi pénale défend, ce qui a lieu dans la majorité des cas, à quel signe reconnaître si la loi a voulu punir la simple négligence? On devra alors examiner et le but de la loi et la quotité de la peine prononcée, souvent aussi les termes mêmes de la loi qui peuvent être significatifs. La prohibition sera souvent conçue dans des termes tels que la certitude s'imposera. Voyons, par exemple, l'article 358, qui prévoit et punit l'inhumation sans autorisation préalable. Cet article la punit dans son paragraphe premier de six jours à deux mois d'emprisonnement, et pour bien marquer qu'il ne vise ici que le simple défaut d'autorisation, il ajoute aussitôt : « Sans préjudice de la poursuite des crimes dont les auteurs de ce délit pourraient être prévenus dans cette circonstance. » Le second paragraphe est plus significatif encore : « La même peine, y est-il dit, aura lieu contre ceux qui auront contrevenu, de quelque manière que ce soit, à la loi et aux règlements relatifs aux inhumations précipitées. » *De quelque manière que ce soit*, dit la loi, qui indique clairement par là qu'elle entend punir la simple négligence, l'oubli ou l'ignorance des règlements. Et, en effet, s'il s'agissait de faits volontaires, intentionnels, le plus souvent ces faits prendraient le caractère d'inhumation clandestine visée par l'article 345, ou de recel de cadavre puni par l'article 359.

Dans ces différentes espèces et autres analogues, on entend évidemment punir l'infraction même non intentionnelle. Cet élément intentionnel sera donc écarté et ne sera pas nécessaire pour constituer le délit. Mais, partout ailleurs, lorsque la définition

légale et la nature de l'infraction n'emporteront pas
la certitude que l'acte incriminé est punissable indépendamment de l'intention, on devra dire que
l'intention est indispensable pour établir la culpabilité. En effet, comment pourrait-on assimiler la
faute intentionnelle à la faute non intentionnelle
alors que la loi elle-même, chaque fois qu'elle les
différencie l'une de l'autre, punit cette dernière de
peines très inférieures à l'autre? Toutes les fois que
la loi garde le silence à cet égard, et que rien n'autorise à croire que le législateur a entendu punir la
simple imprudence, la seule négligence, on devra
donc dire que l'intention est nécessaire pour constituer l'imputabilité pénale. Prenons, par exemple,
l'article 257 : « Quiconque aura détruit, abattu,
mutilé ou dégradé des monuments, statues et autres
objets destinés à l'utilité ou à la décoration publique
et élevés par l'autorité publique ou avec son autorisation, sera puni d'un emprisonnement d'un mois
à deux ans et d'une amende de cent francs à deux
cents francs. » Cet article ne nous dit pas si l'acte
doit être accompli avec intention, ou si les simples
négligence ou imprudence seront punissables. On
devra donc exiger l'intention comme élément constitutif du délit. Voyons aussi l'article 452 : « Quiconque aura empoisonné des chevaux ou autres
bêtes de voiture, de monture ou de charge, des
bestiaux à cornes, des moutons, chèvres ou porcs,
ou des poissons dans des étangs, viviers ou réser-

voirs, sera puni d'un emprisonnement d'un an à cinq ans et d'une amende de seize francs à trois cents francs. » Ici encore l'intention sera nécessaire pour que l'article 452 soit applicable.

La règle que nous venons de poser s'applique indistinctement aux crimes et aux délits. Pour les crimes, les raisons précédemment exposées ont une force et une portée plus grandes encore. On conçoit difficilement que les peines criminelles, en raison de leur gravité, puissent frapper une faute non intentionnelle. Lorsque la loi actuelle supprima les questions touchant l'intention qui étaient autrefois posées au jury sous l'empire de la législation intermédiaire, l'intention hautement manifestée du législateur fut que cette question d'intention fût toujours comprise dans les points soumis à l'examen des jurés, sans que toutefois, en raison des inconvénients que cela présentait, elle fût l'objet d'une question spéciale. De cela seul on pourrait conclure que le législateur considérait l'intention comme un élément essentiel de l'imputabilité en matière de crimes. On peut cependant citer certains exemples où le crime peut exister indépendamment de l'intention et être puni comme tel. L'article 119, qui prévoit le cas où les fonctionnaires publics chargés de la police administrative ou judiciaire ne défèrent pas à une réclamation légale tendant à constater les détentions illégales et arbitraires, les punit de la dégradation civique, peine criminelle, soit qu'ils

aient refusé de déférer à cette réclamation, soit
même qu'ils aient simplement négligé de le faire.
D'après cet article, la simple négligence est donc
dans ce cas passible de peines criminelles. De même
l'article 200, qui, qualifiant de contravention la
violation de la défense posée par l'article 199, la
punit néanmoins, en cas de seconde récidive, de la
peine criminelle de la détention. Ici l'expression
employée par le Code paraît contraire à la volonté
du législateur, qui vraisemblablement visait dans
cette seconde récidive une violation intentionnelle.
Enfin les articles 7, 9, 10, 11, de la loi du 3 mars
1822 sur la police sanitaire, frappent de la dégradation civique, et punissent même de la peine de
mort la violation non intentionnelle de certaines
prescriptions de police sanitaire. Quant aux délits
où la loi prévoit la faute non intentionnelle, nous
ne reviendrons pas sur les considérations et les nombreux exemples précédemment exposés.

Lorsque dans la définition d'un crime, la loi fait
mention de l'intention frauduleuse ou méchante,
sous quelque forme ou dans quelques termes que
ce soit, cette condition doit être énoncée dans la
question posée au jury. En pareil cas, le mot « coupable » n'indique que la culpabilité générale, mais
il ne comprend pas la culpabilité spéciale, de sorte
que si celle-ci n'avait pas été exprimée dans la
question, la réponse du jury ne saurait légalement
servir de base à une condamnation.

De même si le prévenu est traduit devant la juridiction correctionnelle, le jugement de condamnation doit constater l'existence de cet élément intentionnel du délit, toutes les fois qu'il entre dans la définition du délit telle que la donne l'article qu'on applique.

### § 2. — De l'intention dans les contraventions.

Une question plus délicate est celle de savoir si en principe l'intention coupable est nécessaire comme élément constitutif des contraventions de simple police. Faisons d'abord deux remarques. La première, c'est que le mot contravention s'entend ici dans le sens que lui donne l'article premier du Code pénal, c'est-à-dire désigne l'infraction punie de peines de simple police, et non pas dans le sens large qu'on lui attribue fréquemment et dans lequel on désigne par le mot contravention toute infraction non intentionnelle. Cette double acception du mot contravention a été la source de plus d'une confusion et d'une controverse. La seconde remarque que nous voulons faire, c'est que dans l'immense majorité des contraventions, la question d'intention ne se posera même pas. Et les termes mêmes de la loi, et la nature de l'infraction, et le but évident que s'est proposé le législateur, tout indiquera de la façon la plus catégorique que la loi punit, dans la plupart des cas, la simple désobéissance à ses prescriptions, dégagée de tout élément intentionnel, c'est-à-dire la négligence ou même l'oubli. La plupart du temps, la question que nous examinons en ce moment ne présentera donc aucun intérêt pratique; mais il peut arriver que, dans certains cas, la loi gardant le silence à cet égard, et rien dans les termes employés par le législateur n'indiquant qu'il a entendu punir la faute non intentionnelle, la nature même de l'infraction ne fournissant à ce sujet aucune lumière, on puisse se demander si l'intention est alors un élément nécessaire de l'infraction. Si rare que soit l'hypothèse envisagée, demandons-nous quel sera le principe qui la régira. Selon nous, on doit étendre même aux contraventions le principe que nous avons établi pour les crimes et délits. Si la loi ne dit rien implicitement ou explicitement à cet égard, on devra admettre que l'intention est nécessaire pour constituer l'infraction, par respect pour ce principe de justice et d'équité qui veut que la faute intentionnelle ne soit pas au point de vue pénal assimilée à la simple négligence. Il est hors de doute que s'il y a contrainte, force majeure ou irresponsabilité, chacune de ces circonstances fait disparaître l'infraction, qui ne pourra être punie en raison de ses seuls éléments matériels. Pourquoi, alors que la loi ne décide pas le contraire, ne pas reconnaître à l'absence d'intention, à la bonne foi, le même bénéfice qu'à la force majeure ou à la contrainte?

Dans les crimes et délits, nous avons vu que l'absence de l'élément intentionnel faisait disparaître l'infraction. Pourquoi ne pas admettre en principe que l'intention exerce la même influence en matière de contraventions, si l'on songe que les contraventions ne prévoient et punissent que des faits matériels infiniment moins graves et troublant bien moins gravement l'ordre public que ceux prévus et punis dans l'ordre des crimes et délits? Nous ne saurions trop répéter d'ailleurs qu'il s'agit de poser un principe qui ne sera applicable que d'une façon tout exceptionnelle, c'est-à-dire dans les cas très rares où il ne sera pas possible d'affirmer avec certitude que le législateur a entendu punir la simple faute. On se base généralement sur la nature ordinaire des contraventions, sur leur ensemble, pour dire que l'intention dans cet ordre d'infractions n'est pas considérée, ne joue aucun rôle; cela est vrai, généralement parlant; mais n'oublions pas que nous sommes en matière pénale, et qu'une peine ne peut être infligée que dans les conditions strictes où le législateur a envisagé l'infraction. Y a-t-il doute sur la nécessité d'un élément, ce doute doit s'interpréter en faveur du prévenu, et c'est une présomption générale en droit pénal, présomption qui ne peut être détruite que par la certitude contraire, que le législateur

a entendu punir avant tout la faute intentionnelle.

On se fonde, pour déclarer l'élément intentionnel
inutile à considérer, sur le sens large du mot contravention, et on généralise ce qui exceptionnellement peut ne pas exister.

La jurisprudence, s'armant du caractère général
des contraventions, a décidé à maintes reprises que
le simple fait matériel suffisait pour constituer la
contravention : « Attendu, dit un arrêt du 24 fé-
vrier 1860, que si l'intention coupable est un élément essentiel et constitutif des délits et des crimes,
il en est autrement en matière de simple police, où
la loi punit le fait matériel de la contravention, sans
tenir compte de l'intention ni de la bonne foi de
son auteur, etc. Attendu qu'en acquittant les in-
culpées par le motif qu'elles avaient agi de bonne foi
et par suite d'une tolérance de la police locale, le
jugement attaqué a commis un excès de pouvoir,
créé une excuse non admise par la loi, etc. »

On peut citer un certain nombre de contraventions où le législateur exige formellement l'intention coupable : 1° le paragraphe 8 de l'article 475,
où il est dit : « Ceux qui auraient jeté des pierres
ou d'autres corps durs ou des immondices contre
les maisons, édifices et clôtures d'autrui, ou dans
les jardins ou enclos, et ceux aussi qui auraient
volontairement jeté des corps durs ou des immondices sur quelqu'un. »

2° Le paragraphe 1er de l'article 479, ainsi conçu :
« Ceux qui, hors les cas prévus depuis l'article 434
jusques et compris l'article 462, auront volontairement causé du dommage aux propriétés mobilières
d'autrui. »

3° Le paragraphe 9 du même article, « remplacé
par l'article 17 de la loi du 29 juillet 1881, visant
la lacération d'affiches. »

Ainsi voilà des contraventions où le législateur
spécifie catégoriquement que l'intention coupable
est un élément nécessaire de l'infraction. Naturellement chacun s'incline devant sa volonté nettement
exprimée ; mais on dira ensuite que partout où il
n'a pas catégoriquement spécifié la chose, la question d'intention ne doit pas être posée en matière
de contraventions. Combien de fois, cependant, en
matière de crimes et délits, le législateur ne se
borne-t-il pas à viser uniquement le fait matériel,
sans mentionner le moins du monde l'intention
coupable, sans que, néanmoins, la nécessité de cette
intention soit le moins du monde contestée. On le
voit, il ne faut donc pas s'en tenir strictement à la
définition de la loi. Il pourra arriver, en matière de
contraventions, comme en matière de crimes et
délits, que la loi ait négligé de parler de l'intention,
et que cependant cette question d'intention doive
être examinée, si une considération pressante de
justice et d'équité l'exige ; et ce cas se présente
toutes les fois que rien n'autorise à affirmer que le

législateur a voulu réprimer la simple contravention matérielle.

Ajoutons, d'ailleurs, que si la bonne foi et la bonne intention pouvaient toujours excuser l'infraction, souvent les contraventions resteraient lettre morte. Les intérêts que la loi veut protéger exigent que cette cause d'excuse soit écartée; ce n'est pas tant l'effet que la cause qu'elle vise, et le côté utilitaire de la répression prime alors le côté de pure justice. Tout cela est incontestable si l'on se place à un point de vue général, et on a raison de fixer en ces termes le caractère des contraventions; ce qui est critiquable, c'est de prétendre que ce caractère général ne saurait souffrir d'exceptions; c'est d'en faire un principe absolu. On doit donc maintenir le principe contraire, celui des délits et des contraventions, tout en reconnaissant que sous l'empire de nécessités pratiques, utilitaires, ce principe fléchit et s'efface la plupart du temps en matière de contraventions.

Examinons, en terminant, une classification des infractions fondée sur l'intention seule, dont on a tiré d'assez sérieuses conséquences. L'article premier du Code pénal divise les infractions en trois catégories, d'après la peine qui les frappe : crimes, délits et contraventions de simple police. La jurisprudence méconnaissant cette division tripartite rigoureuse, a reconnu une quatrième classe d'infractions, qu'elle a qualifiée « délits-contraventions, » et dont le caractère distinctif repose sur l'absence d'intention coupable. Comme ces infractions existent, d'après elle, indépendamment de tout élément intentionnel, elles ont alors plutôt le caractère des contraventions et doivent en emprunter les règles, quoique punies de peines correctionnelles. Sans vouloir entrer dans l'examen des conséquences que la jurisprudence en tire au point de vue du cumul des peines, de la complicité, de l'application des circonstances atténuantes, examinons les raisons sur lesquelles s'appuie la jurisprudence pour créer une quatrième classe d'infractions. Avant tout, on peut d'abord signaler les inconséquences et les contradictions auxquelles elle aboutit en entrant dans une voie purement arbitraire, et qui est la contradiction formelle du principe absolu posé par l'article premier. Sans parler des divergences qui peuvent exister entre les diverses cours, on voit que la jurisprudence applique très arbitrairement à la même infraction, à la fois les règles des délits et celles des contraventions : par exemple, elle décidera que tel « délit-contravention » ne comporte pas l'application des règles de la complicité spéciales aux crimes et délits, et leur appliquera au contraire les principes du non-cumul établis aussi en matière de crimes et délits ; ainsi, la même infraction sera traitée à la fois comme un délit et comme une contravention.

On invoque à l'appui de cette distinction la volonté clairement ou catégoriquement manifestée du législateur, qu'il ne soit pas tenu compte de l'intention coupable Fort bien, mais nous pouvons répondre que nombre de délits existent indépendamment de toute intention, et nous parlons ici de délits réprimés par le Code pénal lui-même, et non par des lois spéciales. Personne n'ira cependant jusqu'à vouloir appliquer à ces délits les règles des contraventions. D'autre part, la règle posée par l'article premier est absolue, elle s'applique à toutes les infractions, qu'elles soient prévues par le Code pénal lui-même ou par les lois spéciales. Comment ! on emprunterait au Code pénal les règles qu'il pose en matière de complicité et de cumul des peines, on les étendrait aux lois spéciales, et on repousserait l'application de ce même Code en ce qui concerne l'article premier? Division des infractions, complicité, cumul des peines, ces trois ordres de choses, tous prévus et réglés par le Code pénal, sont d'une application générale qui ne peut être écartée que par une énonciation contraire et catégorique de la loi.

Le principal argument sur lequel on s'est fondé pour établir cette classe arbitraire d'infractions, c'est que, dit-on, les lois spéciales elles-mêmes qualifient « contraventions » des faits punis de peines correctionnelles. Remarquons d'abord que cette qualification n'est pas générale, et que, par exemple, en matière de pêche et de chasse, la loi a parfois qualifié délits des infractions qui, de l'aveu

de tous, existent indépendamment de toute intention. En qualifiant d'ailleurs contraventions des
infractions correctionnelles, la loi a-t-elle bien voulu
en faire découler toutes les conséquences qu'on en
tire? Que le législateur ait voulu par là indiquer que
le fait serait incriminé indépendamment de toute
intention, c'est probable. On est souvent dominé
par le vieil adage : « Pas de délit sans intention, »
et pour bien marquer qu'il entend y faire exception,
le législateur qualifiera le fait qu'il réprime « contravention, » c'est-à-dire qu'au point de vue de l'intention, il faudra envisager ce délit d'après le
principe général des contraventions, ne pas par
conséquent s'en préoccuper. S'ensuit-il que le
législateur ait voulu porter atteinte aux règles fon-
damentales posées par l'article premier? Le mot
« contravention, » entendu et employé isolément
dans un sens plutôt philosophique que juridique,
ne saurait troubler l'économie générale des lois
pénales, et provoquer de choquantes et incessantes
contradictions dans les conséquences qu'on en tire.
Méconnaître le principe de l'article premier, c'est
entrer dans la voie de l'arbitraire, et rendre flottante
et indécise l'application de règles que la loi a si
positivement et si méthodiquement fixées. Termi-
nons par ces réflexions de Dupin qui s'appliquent à
notre matière : « Le Code distingue avec soin les
crimes, les délits et les contraventions ; chacune de
ces trois classes a sa définition exacte, ses divi-

sions à part, des juridictions distinctes, une procédure appropriée à son importance.... Or, s'il n'est
pas permis de distinguer là où le législateur ne l'a
pas fait, il est interdit de confondre là où il a
soigneusement distingué. »

# POSITIONS

---

## POSITIONS PRISES DANS LA THÈSE

### DROIT ROMAIN

I. Si deux personnes sont déjà liées par un contrat, le *damnum* commis par le débiteur sur la chose due ne peut donner lieu à l'exercice de l'action aquilienne, qu'autant que la faute commise est en même temps contractuelle.

II. L'action aquilienne pouvait se cumuler *in id quod amplius est* avec une action *rei persecutoria*, quand elle se trouvait en concours avec cette dernière, et était intentée après elle.

III. Quand d'un même fait naissent l'action *legis Aquiliæ* et une autre action pénale, parce qu'on rencontre dans ce fait un double délit, le demandeur pourra cumuler le bénéfice d'une double condamnation.

IV. L'action utile de la loi Aquilia donnée dans le cas où le dommage a été causé *corpori nec corpore*, diffère de l'action *in factum* donnée quand il s'agit d'un *damnum non corpori datum*.

### DROIT FRANÇAIS

I. En règle générale, la bonne intention et la bonne foi n'effacent pas la culpabilité.

II. L'ignorance de la loi ne fait disparaître l'infraction qu'autant qu'il y avait impossibilité absolue de la connaître.

III. L'intention coupable doit être en principe exigée pour constituer l'infraction, même en matière de contraventions.

IV. La division des infractions à la loi pénale établie par l'article 1er du Code pénal est générale et s'applique même aux infractions contenues dans des lois spéciales, quelle que soit la qualification que celles-ci leur donnent.

## POSITIONS PRISES EN DEHORS DE LA THÈSE

### DROIT ROMAIN

I. L'*accipiens* qui a reçu l'indu de mauvaise foi ne commet pas un *furtum*.

II. Le pupille qui, après avoir dépassé l'*infantia*,

s'engage *sine auctoritate tutoris*, s'oblige naturellement.

III. L'obligation du fidéjusseur qui dépasse l'obligation principale est nulle et non réductible au
taux de la première.

IV. La prescription extinctive des actions ne
laisse pas subsister d'obligation naturelle.

### DROIT CIVIL

I. Les père et mère ne peuvent réduire leur enfant naturel, en vertu de l'article 761, à la moitié
de sa part héréditaire qu'avec son consentement.

II. La personne pourvue d'un conseil judiciaire
ne peut faire seule, par contrat de mariage, au
profit de son futur conjoint, aucune espèce de do-
nation.

III. Les lettres missives, alors même qu'elles auraient un caractère confidentiel, sont la propriété
exclusive du destinataire.

IV. La nullité de la vente de la chose d'autrui est
absolue.

V. Les réparations civiles dues par le mari pour
ses délits obligent la communauté.

### DROIT PÉNAL

I. L'interdiction légale ne résulte pas des con-
damnations par contumace.

II. L'excuse légale résultant de la provocation doit profiter au complice quand elle a été admise en faveur de l'auteur principal.

III. Les juges d'instruction ont le droit de saisir dans les bureaux de poste toutes les lettres dont la connaissance leur paraît utile.

IV. La cour d'assises jugeant par contumace peut accorder des circonstances atténuantes à l'accusé.

Vu par le président de la thèse :
ALBERT DESJARDINS.

Vu par le doyen :
COLMET DE SANTERRE.

VU ET PERMIS D'IMPRIMER :
Le vice-recteur de l'Académie de Paris,
GRÉARD.

# TABLE DES MATIÈRES

## DROIT ROMAIN

### DE LA LOI AQUILIA

# DROIT FRANÇAIS

## DE L'INTENTION EN DROIT PÉNAL

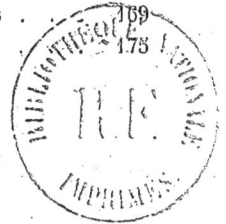

BESANÇON. — IMPRIMERIE DE PAUL JACQUIN.